ein Ullstein Buch

D1434433

ein Ullstein Buch
Nr. 20297
im Verlag Ullstein GmbH,
Frankfurt/M – Berlin – Wien

Ungekürzte Ausgabe
mit Zeichnungen von Sigrid Müller-Kern

Umschlagentwurf:
Hansbernd Lindemann
Umschlagzeichnung:
Sigrid Müller-Kern
Alle Rechte vorbehalten
© 1974 by Albert Langen – Georg Müller
Verlag GmbH, München – Wien
Mit Genehmigung der Albert Langen –
Georg Müller Verlags-GmbH
Printed in Germany 1982
Gesamtherstellung:
Hanseatische Druckanstalt GmbH,
Hamburg
ISBN 3 548 20297 7

Dezember 1982

Von derselben Autorin
in der Reihe der
Ullstein Bücher:

CIP-Kurztitelaufnahme
der Deutschen Bibliothek

Noack, Barbara:
Ferien sind schöner: neue Geschichten von
Philip u. all d. anderen / Barbara Noack. –
Ungekürzte Ausg. – Frankfurt/M; Berlin;
Wien: Ullstein, 1982.
  (Ullstein-Buch; Nr. 20297)
  ISBN 3-548-20297-7
NE: GT

Barbara Noack

Ferien sind schöner

Neue Geschichten
von Philip
und all den anderen

ein Ullstein Buch

Inhalt

Womit Kinder in Tutzing, Warschau, Oklahoma, Argentinien, Australien und überall sonst in der Welt ihre Eltern ärgern

Manche fangen damit schon ganz früh an, indem sie sich bereits zu einem Zeitpunkt einstellen, zu dem man sie noch gar nicht geplant hatte.

Tagsüber schlafen sie sich aus, damit sie nachts schön munter sind.

Sie schmusen mit Vorliebe mit Leuten, die ihre Eltern nicht ausstehen können.

Sie mögen nicht die Hand geben.

Sobald sie laufen können, trödeln sie.

Sie malen viel lieber auf Tapeten als in die hübschen Malhefte, die ihnen Tanten schenken.

Einen richtigen, ausgewachsenen Bock haben sie selten zu Haus, aber gerne in der Öffentlichkeit, wo ihnen Publikum sicher ist.

Sie müssen immer alles anfassen.

Sie spielen freiwillig mit jedem Rowdy, aber nur sehr ungern mit den Kindern des Vorgesetzten ihres Vaters.

Je künstlicher etwas schmeckt, um so lieber trinken sie es.

Wenn sie sich die Hände waschen, ist das Handtuch hinterher schwarz und die Hände immer noch.

Alles muß man ihnen nachräumen.

Bei anderen Leuten futtern sie so viel, daß der Eindruck entsteht, sie müßten zu Hause Hunger leiden.

Sie haben niiie schuld. Es sind immer die andern gewesen.

Geschenke wollen sie haben, aber Dankbriefe schreiben wollen sie nicht.

Immer nehmen sie *unser* Handwerkszeug, dabei haben sie selber welches.

Wenn man mit ihnen Staat machen will, fallen sie garantiert in eine Pfütze.

Sie kippeln ständig mit dem Stuhl.

Sie wollen immer das haben, was sie nicht haben, und wenn sie es endlich haben, liegt es herum.

Sie hören nie zu, wenn man ihnen was sagt, aber sie hören alles, was sie nicht hören sollen.

Abends braucht man ein Pferdegespann, um sie ins Bett zu ziehen, und morgens muß man wieder vorspannen, um sie herauszuziehen – letzteres allerdings erst seit dem Tage, da sie zur Schule gehen. Vorher waren sie immer um halb sieben putzmunter.

Es gibt so reizende Kinder in ihrer Klasse, aber mit denen sind sie leider nicht befreundet.

Gute Hosen kratzen angeblich, Jeans nie.

Sie kriegen den Mund nicht auf, wenn man sie etwas fragt. Aber kaum telefoniert man – dann sind sie plötzlich da und quasseln pausenlos dazwischen.

Bei Sonnenschein spielen sie gern im Zimmer.

Wenn man sie mit einem Auftrag fortschickt, kann man sicher sein, daß sie unterwegs einen Bekannten treffen oder ein Ereignis, das sie davon abhält, den Auftrag auszuführen.

Sie sind Meister im Erfinden von Ausreden.

Sie lungern im Haus herum und wissen absolut nichts mit sich anzufangen. Bittet man sie aber, mit dem Hund Gassi zu gehen, fallen ihnen spontan fünf unaufschiebbare Beschäftigungen ein, die sie daran hindern.

Eine echte technische Stütze und Freude

Endlich haben wir wieder einen Techniker in der Familie, den ersten seit jenem großen Baumeister mütterlicherseits, der im Weltkrieg I eine Brücke von einem polnischen Ufer zum anderen polnischen Ufer bauen mußte. Eine Brücke, welcher kein feindlicher Beschuß etwas anhaben konnte – sie stürzte schon vorher ein.

Mein Sohn (13) ist der neue Techniker in der Familie, eine echte Begabung, möchte ich sagen. Von mir hat er's nicht.

Beispiel: Wenn ich in einem fremden Auto das Fernlicht einschalten will, schalte ich das Abblendlicht erstmal aus, setze die Scheibenwischer in Gang, darauf die Winker und hupe. Nicht so mein Sohn. Er findet auf Anhieb den Hebel fürs Fernlicht. Er weiß eben – das ist er. Ich weiß es eben nicht.

Und so ist mir mein Sohn nun schon seit Jahren eine echte technische Stütze und Freude. Was hat er nicht alles erfunden, um mir das Dasein zu erleichtern. Ich denke bloß an die elektrische Spritzanlage für meine Topfpflanzen. Ein unvergeßliches Patent. Auch für diejenigen, die unter uns wohnten.

Oder sein automatischer Türöffner zwischen Arbeitszimmer und Flur.

Noch heute künden Löcher in der Wand und am Türholz von dieser Erfindung, die ungefähr so funktioniert hat: Die Klinke war mit einem Kontakt verbunden, der den Elektromotor an der Wand in Bewegung setzte. Im Zimmer waren oberer Türrand und Bücherregal mit einer Nylonschnur und Schießgummis verbunden.

In dem Augenblick, wo man vom Flur her die Klinke herunterdrückte, zog die Schnur an, die Tür ging auf, und wenn sie ganz auf war, schaltete sich der Motor aus, die Tür fiel zurück und dem ahnungslos Eintretenden irgendwo hinein. Unserm Hund nur einmal, dann nie wieder – er flitzte wie ein geölter Blitz durch dieses Patent.

Meine scheue Frage nach dem Zweck des Türöffners – man wäre doch vor seinem Einbau so ganz einfach und gefahrlos hinein- und wieder hinausgelangt – stieß beim Erfinder desselben auf blankes Unverständnis.

Und so weiß ich spätestens seit diesem Patent, daß die Technik nicht nur dazu da ist, uns das Leben zu erleichtern, sondern auch, um alltägliche Vorgänge zusätzlich zu komplizieren, indem man ihnen Klingeln, Wecker, Lämpchen und Kurzschlüsse einbaut.

Andere Erfindung: die Alarmanlage anläßlich meiner Fischvergiftung.

Es ging mir miserabel, und Sohn zeigte ehrliche Besorgnis. Störte irgendwann meinen endlichen Schlaf mit unbeholfenen Zärtlichkeiten.

»Hör zu«, sagte er, als ich die Augen öffnete, »ich habe eine Alarmanlage für dich erfunden.«

Er gab mir ein Stück Strippe in die Hand.

»Die ist mit meinem Bett verbunden«, sagte er. »Wenn dir sehr mies ist, brauchst du nur dran ziehen. Die Schnur reicht bis in mein Zimmer. Wenn du ziehst, fällt an meinem Bett ein Eimer runter, der mit meinem Daumen verbunden ist. Davon wache ich auf und komme sofort.«

Ein guter Junge.

Mitten in der Nacht wollte unsere Afghanenhündin über den dunklen Flur zu ihrem Wassernapf, lief in die Schnur hinein und löste die Alarmanlage aus: Der Eimer fiel dröhnend neben Philips Bett auf den Fußboden.

Die Hündin sprang halb irr vor Entsetzen auf meinen schlimmen Bauch, im Haus wachte alles auf – nur mein Sohn schlief tief und fest weiter.

Noch eine Erfindung: die Haltevorrichtung mit Dreheffekt für den Weihnachtsbaum. Im Einsatz bewährte er sich vorzüglich als Kippeffekt.

Als ich vor den Baumtrümmern stand und schrie und uns allen die Haare raufen wollte, sagte mein Sohn so richtig nett geknickt: »Und ich dachte, du würdest dich freuen.«

Achterbahn

Karlchen möchte Achterbahn fahren. Achterbahn ist das größte. Warum fährt keiner mit ihm Achterbahn? – Weil du dafür noch zu klein bist, Karlchen. Und der Toni und der Andi und die Susi? Sind die vielleicht älter als er? Trotzdem fahren ihre Eltern mit ihnen Achterbahn. Bloß seine nicht. Warum nicht?

Karlchens Vater sagt, er kann es nicht. Beim besten Willen nicht. Er wird zu leicht schwindlig.

»Was ist das, schwindlig?«

»Was Schlimmes, da kann man nicht hinunterschauen. Gleich zieht es einen in die Tiefe.«

»Was zieht einen?«

»Die Tiefe eben.«

»Und warum kann man dann nicht Achterbahn fahren?«

»Weil man das Gefühl hat, man fliegt heraus.«

»Aber das ist doch gerade das Schöne. Das sagen Toni und Andi auch. Man denkt, man fliegt heraus, aber man fliegt nicht. Ein irres Gefühl, sagen sie.«

»Gehen wir doch lieber erst mal zu den Autoskootern«, lenkt Karlchens Vater ab.

Im Verlaufe eines Nachmittags auf dem Oktoberfest investiert er sechsmal autoskootern, ein halbes Brathendl, Zuckerwatte, saure Gurken, Geisterbahn, Flohzirkus, gebrannte Nüsse, Irrgarten, 2 Spezis, 3 Toilettenbesuche und ein großes Lebkuchenherz mit der Aufschrift »Unter Palmen am Meer« in Karlchen. Er erwürfelt ihm einen geigespielenden Bären. Aber selbst eine handfeste Prügelei unter Betrunkenen mit Polizei und Abführen kann Karlchen nicht von seiner Enttäuschung ablenken: warum fahren seine Eltern nicht mit ihm Achterbahn?

Warum sind sie überhaupt so unsportlich? Andere Eltern fahren mit ihren Kindern Ski und Boot und verstehen was von schnellen Maschinen und vom Fußball. Karlchens Vater kann nicht schwimmen, fliegt nie, und nun ist er auch noch schwindlig. Karlchen weiß, daß er die liebsten Eltern von der Welt hat, liebere vielleicht als Toni und Susi – aber eben unsportlichere. Karlchen fühlt sich immer als Außenseiter, wenn die anderen Kinder erzählen, was sie Tolles mit ihren Eltern unternommen haben.

»Ist Mami eigentlich auch schwindlig?« fragt er. Seine Eltern sehen sich an und begreifen plötzlich, wieviel es für Karlchen bedeutet, mit einem von ihnen Achterbahn zu fahren.

»Also gut«, sagt seine Mutter und schluckt ihre Angst herunter, »ich fahr' mit dir.«

*»*Ich* fahre«, sagt sein Vater, »du bist doch noch viel schwindliger als ich.«

Sie streiten sich beinah, wer mit Karlchen nun fahren soll, während sie auf die Achterbahn zugehen – einer versucht durch sein Opfer den anderen vorm Schafott zu bewahren.

Aber wenn schon sterben um eines blödsinnigen Prestiges willen, warum dann nicht zu ebener Erde?

Nun stehen sie davor und sehen, wie die Wagen herunterschießen. Ihre Insassen kreischen. Manche machen auch einen verkrampften, stark in sich gekehrten Eindruck.

»Na, Karlchen?« fragt der Vater.

Karlchen ist plötzlich gar nicht mehr so sicher, ob er wirklich Achterbahn fahren will, ob er sich vielleicht lieber doch nicht traut?

Aber als Sproß einer ebenso ängstlichen wie tapferen Familie atmet er einmal tief durch und sagt ja. Ein sehr blasses Ja.

Sie nehmen in einem Wägelchen Platz. Vorn Vater mit Sohn im Arm, hinter ihnen die Mutter mit dem geigenden Bären.

Die Musik spielt Hello Dolly, die Wagen rucken an, rollen hakend um die Kurve, leb wohl, du schöne Welt. Es geht steil in die Höhe. Die Wies'n mit ihrem bunten Menschengewühl und Gedudel und vor allem mit ihrem soliden Boden sinkt immer tiefer, bloß nicht runtergucken, sonst zieht es, Schwindligkeit ist ja was Furchtbares, begreift keiner, der sie nicht erlebt hat, krampft in den Fußsohlen, Karlchen in Vaters Arm macht huch und schließt die Augen, Vaters Hände kleben am Griff, ohne Halt zu finden, jetzt geht es abwärts.

In Schußfahrt abwärts, kopfüber abwärts, Magen hoch, heiliger Vater, hatten sie das nötig? Jetzt sind sie unten, aber nur kurz, dann geht's schon wieder hoch, hoch oben hakt es – *es hakt!* – ein Ruckeln, als ob der Wagen gleich... Hilfe, wir entgleisen!!

Sie entgleisen nicht, sondern schießen weiter wie gereizte Wespen durch die Luft, runter, rauf und – ist denn noch immer nicht Schluß, bitte schön? Ist das nicht ein bißchen viel Todesangst für zwei Mark pro Person?

Noch ein steiler Sturz. Sie rollen langsam aus. Klettern taperig und grüngesichtig auf die Erde zurück – süße, staubige, haltbare Erde. Hatten sie jemals im Leben ein Gefühl so tiefer Dankbarkeit?

»Na, Karlchen?«

Langsam kehrt Farbe in sein Gesicht zurück und Fröhlichkeit, eine unbändige, alberne Fröhlichkeit. Es war toll, versichert er.

Es war wirklich toll, daß sie sich das alle drei getraut haben.

Verbunden durch ihre Hände und ihr Heldentum verlassen sie das Oktoberfest.

Karlchen ist sehr stolz auf seine Eltern und auf sich selber auch.

Morgen wird er Toni und Andi und Susi und all den anderen Kindern erzählen: Wir sind auch Achterbahn gefahren. Na und –!?

Aber noch mal nicht, nie wieder.

Hochhauskinder

Die Mutter von Mäxchen und Reni hat eine Freundin, und die wiederum hat eine Kusine, deren Schwägerin eine Familie kennt, die doch wirklich mal in einem Mietshaus gewohnt hat, in dem ein kinderfreundlicher Mann als Hauswart tätig war.

Mäxchen und Reni kennen nur solche, die allen Kindern alles verbieten.

In der großen neuen Wohnanlage am Stadtrand dürfen sie bloß artig sein, ordentlich und vor allem leise, und genau das macht Mäxchen keinen Spaß.

Aber daran ist nicht nur der Hauswart schuld, sondern auch die hellhörige Bauweise.

In so einem Wohnblock leben die Mieter zwar jahrelang neben- und übereinander, ohne sich menschlich näherzukommen. Aber akustisch bilden sie eine Großfamilie, die alle Geräusche miteinander teilt.

Mäxchen hat daraus sofort Vorteile gezogen: Er braucht nur schön laut zu brüllen, gleich kriegt er seinen Willen, damit er das Brüllen wieder einstellt. An Erziehung ist dabei nicht zu denken.

Mäxchens und Renis Eltern wohnen im achten Stock wegen der schönen Aussicht. Sie hätten besser im Parterre gemietet oder im ersten Stock, zumindest in einer Höhe, die man über Treppen erreichen kann, ohne daß einem die Lunge aus dem Halse hängt.

Schon wegen Mäxchen wär's vernünftiger gewesen. Denn kaum ist er auf dem Spielplatz, fällt ihm ein, daß er seine Schaufel oben vergessen hat. Dann braucht er unbedingt seinen Roller. Dann hat er Durst. Inzwischen macht ihm ein anderes Kind seine Sandburg kaputt. Mäxchen muß sich bei Mutti beklagen.

So geht das den ganzen Vormittag und wäre ja auch nicht weiter schlimm, wenn sie nicht im achten Stock wohnten.

Natürlich gibt es einen Lift im Haus. Sogar zwei. Man kann sich sozusagen aussuchen, in welchem man steckenbleiben möchte.

Kleine Kinder dürfen aber nicht ohne Begleitung Erwachsener in einem Lift fahren.

Also muß die Mutter zuerst mit Mäxchen und Reni hinunter und zehn Minuten später mit der Schaufel und dann mit dem Roller. Sie liftet mal mit Saft und mal mit einer Buttersemmel abwärts, mit Leukoplast, zum Streitschlichten und schließlich mit den Kindern und dem Roller wieder hinauf zum Mittagessen und nach dem Essen wieder hinunter.

Zur Zeit der Hinterhöfe war's ja einfach. Da brüllten Kinder ihre Wünsche zum Küchenfenster hinauf, und Mutter schmiß runter. Sie hatte ihre Brut ständig mit einem Ohr im Auge.

Zum achten Stock kann man nicht hinaufbrüllen. Muß man auch nicht. Wozu hat man schließlich eine Sprechanlage. Die macht sogar Spaß. Fragen Sie Mäxchen. Hopst er eben am großen Klingelbrett hoch und drückt auf den obersten Knopf links, dann knattert es im Megaphon, und die Stimme seiner Mutter fragt erschöpft: »Was willst du denn nun schon wieder?«

Manchmal drückt Mäxchen auch daneben. Dann meldet sich eine fremde Stimme. Dann rennt er lieber weg.

Weil es sich aber nicht lohnt, wegen einer einzigen Stimme wegzulaufen, drückt er auf so viele Knöpfe, wie er mit einem Mal erwischen kann.

Nun haben sie ihn dabei erwischt. Aus ist es mit der Bimmelei.

Die vielen Briefkastenschlitze beliefert er mit Kieseln, Bonbonpapieren und was er noch so entbehren kann. Im Frühjahr hat er mehrere Schlitze künstlich aufgehalten in der Hoffnung, es würden Vögel darin nisten, so wie im Briefkasten seiner Großeltern.

Aber die Vögel mögen keine Hochhäuser. Und Hochhäuser mögen keine Tiere.

Weil das Halten von Hunden und Katzen im Mietvertrag ausdrücklich verboten ist, hat Mäxchen die kleine Katze, die ihm in den Ferien zugelaufen war, nicht mit heimnehmen dürfen.

Aber die alte Hexe im ersten Stock links, die den ganzen Tag aus dem Küchenfenster hängt und bloß schaut, wo es was zum Petzen gibt – so eine ist laut Mietvertrag erlaubt!

Außer der Hexe und dem Geschimpfe des Hausmeisters fürchtet Mäxchen nichts so sehr wie den einsamen, langen Keller mit seinen holzvergitterten Gefängniszellen und die Tiefgarage. Sie könnten Mäxchen tothauen, ehe er da allein hineinginge. Sitzen doch lauter Mörder und Räuber zwischen den parkenden Wagen und lauern auf kleine, hilflose, alleingehende Knaben.

Nachts träumt er manchmal von ihnen und brüllt das Hochhaus zusammen.

Vom achten Stock aus kann man in der Ferne den Flughafen sehen.

Mäxchen sieht Maschinen aufsteigen und landen und möchte auch Flughafen sein. Er läßt viele kleine Papiersegler von seinem Balkon starten. Die meisten landen im Vorgarten. Einer ist mal auf dem Balkon im zweiten Stock hängengeblieben. Beim Nachschauen wäre Mäxchen beinahe selbst im Tiefflug nach, wenn ihn seine Mutter nicht im letzten Augenblick am Hosenboden erwischt hätte.

Aus war's mit der Fliegerei. Nichts wird einem erlaubt in diesem Haus.

Auf den großen Rasenflächen zwischen den Häuserblocks darf er auch nicht spielen, weil das nämlich Grünanlagen sind, und eine Anlage ist immer was Ernstes. Bleibt ihm bloß der Spielplatz mit seinem Klettergerüst, einem halben, umgestürzten Baumstamm, der Buddelkiste und dem Schild »Nur für Anliegerkinder«.

Nun kann man sich Anliegerkinder genausowenig aussuchen wie Verwandte. Mäxchen hatte es eines Tages satt, nur mit vorgeschriebenen Kindern zu spielen. Er brachte sich ein paar Cowboys und Indianer von der Straße mit, die besetzten mit Gegröle und Geknalle den Spielplatz, trampelten alles nieder, auch die Büsche drumherum, und am schlimmsten wütete Mäxchen selbst. Das war glatte Revolution.

Ein Glück, daß gerade zu der Zeit ein Platz für ihn im Kindergarten frei wurde.

Seine Schwester Reni ist ein stilles Kind.

Sie malt am liebsten den ganzen Tag. Auf ihren Buntstiftbildern kehrt immer dasselbe Thema wieder: ein Häuschen. Ein kleines Häuschen mit spitzem Giebel und einer Sonne. Rechts und links daneben blühen riesengroße, leuchtende Blumen. Davor ist eine Wiese, keine Grünanlage – eine richtige, zottelige Wiese mit staksigen Figürchen drin: Das sollen ein Hund sein, der sich freut, Reni auf der Schaukel und Mäxchen in einem klitzekleinen Planschbecken. Ach ja...

Werden Elefanten in einem Stück begraben?

Zog da vor ein paar Wochen meine Freundin um und stellte ihre Kinder (Vier und Sechs) bei mir unter. Wie beschäftigt und erfreut man untergestellte Kinder? Ich sagte, gehen wir in den Zoo.

Vier und Sechs sagten, da wären sie schon gewesen, kämen aber gerne noch mal mit.

Wenn man in unseren Tierpark hineingeht, sind gleich rechts die Elefanten und links die Meerschweinchen. Nun raten Sie mal, wo Vier und Sechs zuerst hinrannten? Zu den Meerschweinchen.

Denn Meerschweinchen haben sie selbst zu Haus, Elefanten dagegen nicht (schon wieder ein Beweis für unsere Wohnraumnot).

Als gewissenhafter Kinderhüter hatte ich vor diesem Zoobesuch Brehms Tierleben studiert. Ich wußte somit alles über Elefanten, zumindest über die lebenden, nicht aber über die entseelten, und genau nach denen fragten sie mich:

»Was macht man mit einem toten Elefanten? Begräbt man ihn in einem Stück oder –?«

Auch ihre zweite Frage, weshalb die Pfauen mit den Dickhäutern in einem Gehege zusammenleben, konnte ich nicht beantworten. Ja, wer macht sich denn schon Gedanken über Elefanten im Zusammenhang mit Pfauen?

Ich sagte, gehen wir doch lieber zu den Löwen.

Die Löwen lagen herum wie die Wermutbrüder in den Isar-Auen, und nach einer halben Stunde lagen sie immer noch so da.

Sechs meinte, da wäre der aus der Fernsehserie doch ein ganz anderer Löwe gewesen. Der konnte schielen und denken wie ein Mensch.

Die Zebras kannten sie aus dem Fernsehen, die Kamele kannten sie aus dem Fernsehen, die Hängebauchschweine kannten sie nicht aus dem Fernsehen, wohl aber ihr Heimatland Vietnam. Sechs sagte: »Die sind vielleicht froh, daß sie hier sind und nicht da.«

Eine Frau lief aufgeregt an uns vorbei:

»Oben im Raubtierhaus ist Tigerfütterung! Man muß doch sehen, wie es ihnen schmeckt!«

Wir gingen auch zur Fütterung, aber unterwegs begegneten wir einem Schaufelbagger, der grub ein Loch in eine Wiese, und das war sagenhaft interessant.

Ich sagte, Bagger gibt's überall, nun kommt schon.

Sechs sagte, aber so einen schönen gelben wie diesen hier hätte er noch nie gesehen, und blieb stehen.

Inzwischen waren die Tiger satt.

Spätestens bei den Wasserbüffeln war mir klar, daß Sechs und Vier unter einem Zoobesuch noch etwas anderes verstanden als Tiere anschauen, nämlich Eis, Limo, Popcorn, Eis, Ponyreiten, Eis, Fischsemmel, Coca, Erdnüsse. Mir taten das Portemonnaie weh – und auch die Füße. Aber ins Affenhaus mußten wir noch unbedingt hinein.

Offenbar konnte uns der Gorilla nicht leiden. Er sah uns kommen und drehte sich gähnend um. (Wahrscheinlich kennt er Menschen aus dem Fernsehen.)

Die Schimpansen, Gibbons und Kapuzineräffchen dagegen waren richtig nett zu uns. Sie zeigten alles, was sie konnten, und sie konnten viel!

Sechs und Vier riefen hingerissen: »Guck mal, Tante, nein, wie süß!«

Das fand ich auch und meinte die Schimpansenmutter, die mit unendlicher Geduld und Zartheit das erste Stangenklettern ihres Babys überwachte.

Sechs und Vier hingegen meinten einen unscheinbaren, spilligen Spatz, der zwischen den Besucherbeinen umhertippelte.

Daheim in ihrer Straße hätten sie ihn kaum beachtet.

Aber hier – zwischen all den exotischen Tieren – hatte er seine Bedeutung: Er war für die Kinder eine Handvoll heimischer Vertrautheit. Genau wie die Meerschweinchen und der Bagger.

Nach diesem Zoobesuch wundert es mich gar nicht mehr, daß deutsche Touristen in Süditalien so selig sind, wenn sie einem Würstchenstand begegnen.

Ich hau den Kasten noch mal kaputt!

Ich war natürlich dagegen, daß der Junge fernsieht. Ich wollte es ihm auf keinen Fall erlauben. Ich war auch mal gegen harte Bonbons, Pistolen, Anbrüllen und Hunde im Kinderbett – mit demselben Resultat.

Philip war ein mühsames Kind. So renitent. So unerschöpflich im Nervensägen. Ein Kind, das sich gegen alles wehrte – nur nicht gegen Fernsehen.

Wenn er vorm Fernseher saß, hatten wir wenigstens eine Stunde am Tag Ruhe vor ihm.

So kam es, daß er das Lied vom schmeichelnd tönenden Haarshampoo früher kannte als Müllerslust, und bereits mit vier die überzeugende Waschkraft von Persil. Als er uns aber eines Abends mit der Feststellung »Dieser Käse hat ein erlesenes Bouquet« verblüffte, war Schluß. Wir strichen ihm das Werbefernsehen, aus dem er seine gewählte Ausdrucksweise bezog.

Wir hätten ebensogut dem Hund nach fünf auf dem Sofa verbrachten Jahren das Liegen auf dem Sofa verbieten können. Der Sohn klagte auf Gewohnheitsrecht. Wir durften ihm nicht nehmen, was wir ihm bisher aus Selbsterhaltungstrieb gestattet hatten.

Er heulte und schrie und schleuderte seine Fäuste in der Gegend herum. Er wollte seine Westernserien wiederhaben, sein Dick und Doof zwischen Trockenrasierer, Fußbodenreiniger, Suppenwürze und Weichmachern.

Apropos Weichmacher: Von denen hatte er gründlich gelernt. Wir gaben wieder nach – aus Selbsterhaltungstrieb.

Meine anfängliche Sorge, brutale Sendungen könnten brutale Instinkte in ihm wecken, bewahrheitete sich nicht. Das lag nicht an den Western, sondern am Sohn selbst. Um brutale Instinkte wecken zu können, müssen erst einmal welche vorhanden sein. Es waren aber keine da – im Gegenteil. Wenn's brutal wurde, ging Philip aus dem Zimmer – bei manchen TV-Stücken bis zu fünfmal.

Anflüge von seelischer Grausamkeit zeigten sich allerdings bei ihm, wenn Besuch im Fernsehzimmer saß. Dann kam er herein und teilte allen vernehmbar mit: »Gleich beginnt Dick und Doof.«

Darauf sagte ich: »Du siehst doch, wir haben Besuch.«

Darauf sagte er: »Macht nichts, ich stell leise.«

Darauf ich: »Du stellst überhaupt nichts.«

Darauf er: »Ihr könnt ja solange in mein Zimmer gehen.«

Darauf ich: »Verschwinde!«

Darauf er zum Gast: »Bleiben Sie noch lange? Gehen Sie nicht bald?«

Darauf ich: »Nun aber raus!« (Zum Sohn natürlich.)

Darauf der Sohn zum Gast: »Dick und Doof ist dufte. Mögen Sie auch gern sehen, nich'?«

Welcher moderne Erwachsene traut sich schon, einem Kind zu widersprechen?

Also sahen wir alle Dick und Doof.

Philip las kein Buch, ums Verrecken nicht. Zumindest kein von links nach rechts gedrucktes ohne Blasen und Bildchen. Ich gab dem Fernsehen die Schuld. Es unterstützt die Lesefaulheit.

Und dann war es ausgerechnet eine TV-Sendung über Jules Verne, die erreichte, was keinem bisher gelungen war: Sohn las hintereinander zehn Bücher von Jules Verne.

Er las sie übrigens *vor* dem Fernseher. Offenbar brauchte er die altvertraute Geräuschkulisse zu Konzentrationszwecken.

Er bastelte auch vorm Fernseher und zeichnete vorm Fernseher, und als ich ihn fragte wieso, antwortete er mir mit einer Gegenfrage: »Du schläfst ja auch vorm Fernseher. Wieso?«

Der Flimmerkasten war zum festen Bestandteil unseres Familienlebens geworden. Zuweilen ging mir sein ständiges, unsere Abende untermalendes Quasseln so auf die Nerven, daß ich nach einem Beil schrie, um damit den Kasten zu erschlagen.

Philip unterstützte mein Vorhaben. »Mach mal«, sagte er, »hau ihn kaputt. Dann kriegen wir endlich einen in Farbe.«

Ich hau' ihn natürlich nicht kaputt, ja bin ich blöd? Erstens scheue ich die Ausgabe für einen neuen, zweitens sieht Philip längst nicht mehr soviel wie früher, er ist sehr kritisch geworden, und drittens: Wo sonst lernt er so viel über Technik, Naturwissenschaft, Politik etc. wie hier?

Wenn bloß nicht der ofte Beischlaf wäre! Nun auch schon im frühen Abendprogramm. Sitzt man da, knabbert Kekse, plötzlich fangen zwei an, auf der Mattscheibe herumzuleidenschaften, zeigen, was sie können und wie wild sie es können, in Großaufnahme, man spürt auch so deutlich die Regie durch den Beischlaf durch... ist ja alles ganz schön, bloß neben mir sitzt mein dreizehnjähriger Sohn, und mit dem möchte ich eigentlich gar nicht so genau in anderer Leute Betten gucken.

Ich weiß nicht, was er denkt. Ich selbst denke eine Menge Verlegenes: Soll ich rausgehen, Kurzschluß machen, grinsen, räuspern, Lied singen, was sagen, aber was!? Und dann ist es Philip, der zu mir sagt: »Du hast wohl schon wieder geschlafen?«

Ich? Geschlafen? Eben? Ich hab' doch nicht... ja, natürlich, das ist die Lösung: Ich habe geschlafen. Ich schlafe ja immer vorm Fernseher, nicht wahr?

Wenn das nächste Mal fremder Leute Intimturnen in unserem Wohnzimmer stattfindet, fall' ich sofort in Schlaf – bis die Szene vorüber ist.

Das enthebt Sohn und mich der Befangenheit, gemeinsam hingeguckt zu haben.

Einer lernt schwimmen

1. Akt: Trockenkursus

Zuerst lernte Philip auf dem Trocknen schwimmen. Das ist kein Irrenwitz, sondern ein Einfall seines Vaters.

Sein Vater meinte, es könnte nichts schaden, wenn der Junge die Bewegungen bereits beherrschte, bevor er seinen ersten nassen Unterricht erhielt. Philip war damals vier, und der Trockenkurs fand in unserem Wohnraum statt, kurz vor dem Abendessen. Zuerst übten sie die Armbewegungen.

Ich hörte die väterlichen Kommandos bis in die Küche und dachte, bißchen umständlich klingt es ja, aber wenigstens sind beide beschäftigt. Nach den Armen waren die Beine dran. Philip mußte sich dazu auf den Boden legen.

Der Hund wollte auch mitspielen. Er begriff den Ernst des Unternehmens nicht und wurde ausgesperrt.

»Nun Arme und Beine zusammen, wart', ich zeig' dir, wie.«

Philips Vater zog seine Jacke aus, hängte sie über einen Stuhl und legte sich selbst zu den Hundehaaren auf den Teppich.

Und schwamm forsch los.

Gleich mit dem ersten Beinstoß erwischte er den gedeckten Abendbrottisch.

Ende des Trockenkursus.

2. Akt, in welchem Wasser immerhin schon vorkommt

Eines Vormittags zogen Vater und Sohn ins nächstgelegene Hallenbad, und bereits beim Duschen gab es Ärger.

Philip wollte nicht duschen, schon gar nicht kalt. Es gelang ihm, zu türmen. Sein Vater ließ Brause und ein neues Stück Seife im Stich und rannte ihm hinterher – immer rum ums kleine Becken, bis er ihn erwischte.

Philips Vater führte Philip zum Kinderbecken ab und verlangte: »Da gehst du jetzt hinein und übst deine Bewegungen. Ich suche inzwischen den Schwimmlehrer.« Er wartete, bis Philip in qualvoller Zeitlupe bis zum oberen Badehosenrand im Wasser stand, zitternd, den Tränen nahe, umpanscht von fröhlich kreischenden Kindern, von ihren Wasserfontänen angesprüht. Das Elend saß ihm sichtbar zwischen den spitzen Schulterblättern.

Philips Vater suchte und fand endlich den Schwimmlehrer, aber bei der Rückkehr mit demselben nicht mehr seinen Sohn vor, weder zu Wasser noch zu Lande. Es konnte ihm auch keiner sagen, wo der mickrige, kleine Blonde in der karierten Hose geblieben war.

Philips Vater suchte und suchte und dachte dabei an den Ärger, der ihm bevorstand, wenn er ohne Sohn nach Hause kam, und suchte immer nervöser die Halle ab. Schließlich fand er wenigstens sein Badelaken in einer Fensternische wieder.

Unter dem Laken saß Philip.

»Was machst du hier? Ich such' dich überall. Warum bist du nicht im Wasser? Los, steh auf – nun komm schon, der Lehrer hat noch mehr zu tun, als auf dich zu warten.«

Philip blieb vertrotzt sitzen.

»Ich war im Wasser. Hast du ja gesehen. Das reicht. Lieber schwimm' ich auf'm Teppich. Im Wasser nich'. Kannst du dir auf'n Kopp stell'n.«

Philips Vater versuchte es mit Bitten, Versprechungen, schließlich mit Gewalt.

Da brüllte Philip das Schwimmbad zusammen, und alle Kinder, vor allem die kleinen Mädchen, kreischten:

»Kiek ma, kiek ma den Feigling! Angsthase, Angsthase...

»Das nächste Mal gehst du mit ihm hin«, sagte Philips Vater zu mir. »Ich blamier mich nicht noch mal.«

Das dachte ich mir schon. Fürs Blamieren bin immer ich zuständig.

Aber wir gingen nicht noch mal hin. Wenigstens so bald nicht. Sollte ich Philip die Lust am Schwimmen nehmen, noch ehe er damit begonnen hatte?

O nein. Es ist viel vernünftiger, man führt Kinder spielerisch an ernste Aufgaben heran – so wie mich damals zu meinem ersten Schwimmunterricht in einer ländlichen Badeanstalt.

Da wurden nicht vorher lange und wichtige Bewegungen geübt und kein zentimeterweises Erfrieren durch langsames Ins-Wasser-Gehen verlangt. Ich durfte gleich beim ersten Mal an die Angel des dicken Bademeisters und vom Einmeterbrett in die Tiefe hüpfen.

Das war ein Gefühl – so auf dem Brett zu stehen und auf die Schwimmer im großen Dorfteich herabzuschauen, meiner Mutter zuzuwinken; ein letzter Blick in die flache Ferne, alles gelb, gelbe,

wiegende Kornfelder bis zum Horizont, mittendrin wurde schon gemäht.

Ich sprang.

Nun hatte ich eine Weile bewegtes Grün vor Augen, mal heller, mal dunkler und schluckte viel Wasser, denn leider war die Angel gerissen. Als ich zu mir kam, war ich schon wieder oben. Um mich herum knieten der dicke Bademeister in triefend nassen Hosen, mein triefender Onkel Martin und meine Mutter, käsebleich, die Hände ringend. Hinter ihnen stand die Dorfjugend und staunte auf mich herab.

So viel Aufsehen hatte mein erster Sprung ins Wasser erregt.

Abends betrank sich mein Onkel Martin unter der Linde im Gutsgarten, weil ich nicht ertrunken war. Und meine Mutter heulte.

Ich wäre sehr gern am nächsten Tag wieder an die Angel gekommen – schon wegen der großen Beachtung –, aber man ließ mich nicht mehr.

3. Akt: Das Vollbad

An Philip nagte sein erstes nasses Fiasko. Es kann ja einer wasserscheu sein und dennoch ehrgeizig, nicht wahr?

Philip übte sich in der Wanne Mut an. Tauchte immer tiefer und immer länger, sprudelte mit den Füßen, ruderte wild mit den Armen.

Hinterließ jedes Mal ein sturmflutgeschädigtes Badezimmer.

Eines Tages wurde ihm die Wanne für seine Wasserkünste zu klein.

Da kehrten wir an die Stätte seiner ersten Blamage zurück – ins Schwimmbad.

Auch sein Schwimmlehrer war ein Dicker. Man sammelt gern Speck in der Branche.

Innerhalb weniger Wochen machte Philip bei ihm seinen Freischwimmer.

Schön schwamm er nicht, aber schnell, unheimlich schnell – wie ein junger Hund auf der Flucht vor Schwänen.

4. Akt: Der Mutsprung

Mit Sieben gierte Philips nasser Ehrgeiz nach Höherem: dem Fahrtenschwimmer.

Dazu gehörte als Pflichtübung etwas beklemmend Hohes: der Mutsprung vom Dreimeterbrett.

Philip machte lieber erst mal die anderen Übungen wie Streckenschwimmen, Schnellschwimmen, Rückenschwimmen, Streckentauchen, Ringtauchen, Transportieren. Letzteres bedeutete – Ziehen oder Schieben eines gleich schweren Kameraden über dreißig Meter. Der Kamerad ist bei dieser Übung beinah erwürgt worden. Anschließend hat er Philip gezogen und sich revanchiert. Nun war der Mutsprung fällig. Philip stieg mehrmals zum Dreimeterbrett hinauf und wieder hinunter. Eines starken Nachmittags blieb er oben. Trat auf das schwankende Brett hinaus, nahm Abschied von der schönen Welt, drückte die Augen zu und die Nase zwischen zwei Finger und ließ sich fallen.

Ging rauschend unter. Tauchte irgendwann prustend wieder auf und fühlte sich als Kerl.

Es ist erstaunlich, wie drei Meter abwärts das Selbstgefühl eines Knaben anzuheben vermögen.

5. Akt: Wasserscheu

Philip hatte alle Schwimmprüfungen bestanden. Nun war sein Ehrgeiz satt. Nun traf man ihn nur noch kurzfristig im Wasser an, zum Tauchen und Faxenmachen mit seinen Freunden.

Meist saßen sie am Beckenrand und lachten sich schief über brüllende Angsthasen bei ihrem ersten Schwimmversuch.

Nun war er auch wieder wasserscheu, wenn Wasser kalt war.

Aber einmal im Frühjahr, wenn die Außenschwimmbecken noch trockenen Auges in den Himmel guckten, stieg Philip mit seinen Freunden und mit allen Kleidern in den nahen See. Der hatte um diese Zeit neun Grad. Nach diesem einmaligen Unternehmen, das seinen Schuhen sehr zu schaden pflegte, betrat er den See erst wieder im Hochsommer.

Sie wundern sich? Ich habe es längst aufgegeben, wassernde Knaben zu verstehen.

Der schwerste Tag des Jahres

Über dem Rasen baumeln buntschwänzige Papageien und japanische Laternen an durchhängenden Drähten. In den Mondgesichtern der Lampions weicht das plissierte Grinsen auf. Es regnet. Bisher haben alle Gartenfeste bei uns im Hause stattgefunden.

Fünfzehn Jungen von vier bis sieben Jahren spielen Verkehrsunfall durch alle Zimmer. Ihre schrillen Stimmen überschlagen sich beim Herstellen von Geräuschen, die entfernte Ähnlichkeit mit aufheulenden Motoren, wimmernden Pneus und Bremsenkreischen haben. Eine Polizeisirene lärmt Hüüüahüüüahüüü. Kehlige Amtsstimmen nehmen den Unfall auf. Die Wohnung reicht akustisch dafür nicht aus. Man muß die Terrassentüren aufsperren, um den Lärm abzulassen.

Das einzige geladene Mädchen heult auf dem Dielenteppich. Wenn es gewußt hätte, daß es bloß immerzu Unfalltote spielen muß –! Und Alexander hat »blöde Ziege, hau doch ab, Mensch«, zu ihr gesagt, und dabei hat sie so ein wertvolles Geschenk mitgebracht, und überhaupt ist es eine Scheiß-Party.

Ich habe sie mir auch anders vorgestellt. Mit Sackhüpfen und Eierlauf und der Reise nach Jerusalem und Drei Fragen hinter der Tür und Hänschen-piepe-mal. Aber von all meinen Vorschlägen wurde nur das Topfschlagen akzeptiert, weil es schnelles Erobern von Gewinnen, verbunden mit Lärm, verspricht.

Alle fünf Minuten muß einer. Die Kleinen haben Schwierigkeiten mit den Knöpfen, die Großen vergessen zu spülen. Und wenn man das Handtuch in der Gästetoilette betrachtet, so fragt man sich: wo haben die bloß den Zement hergekriegt?

Helga schmiert Sandwiches und kellt Glibberpudding auf. Dann ruft ihr Freund an, und 20 Paar Würstel kochen, bis sie 20 Paar geplatzte Würstel sind.

Oliver hat Nasenbluten. Andreas und Rolfi keilen sich. Frank hat sich überfressen. Bernd nimmt übel und geht nach Hause.

Die Hündin ist völlig mit den Nerven fertig. Sie auch. Am Kamin sitzen die Tanten und lassen sich voll Whisky laufen. Ein herrliches Fest. Gegen halb sieben, als die Party ihrem Ende entgegendröhnt, kommt der Vater des Geburtstagskindes nach Hause.

»Tut mir leid, ich konnte wirklich nicht eher. Eine wichtige Besprechung.«

»Jaja«, sage ich, »an deiner Stelle hätte ich auch eine gehabt.«

Er knipst sein gewinnendes Wesen an und bescheint damit die angetüdelten Tanten und die Mütter, die endlich ihre Kinder abholen.

Er hilft beim Suchen herumliegender Topfschlagegeschenke. Knöpft Regenmäntel zu. Streichelt Haarschöpfe, seine Kinderliebe dokumentierend. Bringt alle zum Zaun. Winkt Liebenswürdigkeiten nach. Kehrt ins leere Haus zurück und setzt sich mit einem Drink vor den Fernseher.

Um elf bin ich endlich mit Abwaschen, Saugen und Aufräumen fertig. Restlos fertig.

Schuhe habe ich schon lange nicht mehr an den Füßen. Es passen keine mehr.

Ich nehme eine angebrochene Flasche Boxbeutel aus dem Kühlschrank, ein Kissen und setze mich damit auf die oberste Terrassenstufe.

Es hat aufgehört zu regnen. Jetzt, wo er nicht mehr gebraucht wird, leuchtet der Mond am sternklaren Himmel.

Über den Rasen trabt – die verbeulten Lampions feindlich anknurrend – die Hündin und klemmt sich an meine Seite.

Sie legt ihre Schnauze auf meine Schulter und duftet nach geklautem Fisch von fremden Katzentellern.

So hocken wir schweigend nebeneinander und dösen in die tropfende Stille.

Und das sind die ersten Minuten dieses vergangenen Tages, die mir ganz allein gehören.

Irgendwann schlappen Pantoffeln aus dem Haus auf die Terrasse. Pantoffel und faltige Pyjamahosen.

Die Hündin wedelt. Ich nicht.

»Was machst du hier?« fragt Philips Vater.

»Ich betrinke mich.«

»Und morgen früh hast du Ischias. Ist doch viel zu feucht zum Sitzen.«

»Ich denke gerade über die Gleichberechtigung nach«, sage ich. »Den Beruf haben wir Mütter schon, aber noch immer nicht das Recht, uns bei Kindergeburtstagen mit beruflichen Besprechungen vor der Pflicht zu drücken. Wozu haben wir eigentlich die Gleichberechtigung?« »Ich geh jetzt schlafen...«

Und die Pantoffel und die Pyjamahosen entfernen sich.

Sein erstes Zeugnis

Vor einem halben Jahr ist Pips eingezogen worden. Sein Jahrgang war dran.

Seither bricht er jeden Morgen kurz vor acht zu seinen Pflichtübungen auf, kehrt nach wenigen Stunden wieder heim – meist ohne Mütze oder Handschuh, aber voller Schulgeschichten. Und heute bekommt er sein erstes Zeugnis.

Sein Vater hat schon zweimal angerufen, ob ich bereits was wüßte. Mir ist auch nicht so ganz wohl bei dem Gedanken an diese erste offizielle Beurteilung unseres Sohnes.

Der einzig Gelassene ist Pips selbst. Es wird schon ein schönes Zeugnis werden, warum denn nicht, er war doch gut im Unterricht.

Nun gibt es wenig Menschen, die vom Erfolg ihrer Leistungen so herzlich überzeugt sind wie Pips, so rundum zuversichtlich, auch noch nach einem grandiosen Reinfall.

Er glaubt nun mal an sich. Um elf Uhr ist heute allgemeiner Schulschluß. Ich fahre natürlich hin. An Parkplatz nicht zu denken. Die Schüler bezeichnen solche massierte Elternauffahrt als große Gebrauchtwagenschau.

Im Gedränge vor dem Schultor sehe ich den kleinen Rudolf aus Pips' Klasse – in der einen Hand sein Zeugnis, in der anderen einen angebissenen Apfel. Sein Bruder ist ein totaler Versager. Nun lasten alle familiären Hoffnungen auf Rudolf, drücken ihn förmlich nieder, hindern ihn am Wachstum. Dabei ist Rudolf auch keine Leuchte.

Wenn Pips und sein Freund eine Schreibarbeit verhauen, sprechen sie nie von ihren Fehlern, sondern immer nur von Rudolfs. Denn im Vergleich zu Rudolfs Fehlern haben sie eigentlich wenig Fehler gemacht.

Rudolf tippt ein Mädchen an, das auf sein Fahrrad steigen will: »Du, lies du mir mal vor –« und hält ihr sein Zeugnis hin. Das Mädchen liest vor und schaut dann Rudolf an voll Mitgefühl.

»Au backe, Rudi, det jibt Ärja.« Rudolf nickt bekümmert. Das hat er sich schon gedacht.

Dann sehe ich Pips. Er schwenkt sein Zeugnis wie eine Siegestrophäe. Ich muß es sofort lesen.

Pips' Zeugnis.

Allgemeine Beurteilung: Pips ist ein liebes, fröhliches Kind. Er beteiligt sich oft aufmerksam am Unterricht, mitunter träumt er aber auch vor sich hin. Er hat eine lebhafte Phantasie und neigt dazu, gelegentlich Wahrheit und Unwahrheit zu verwechseln. Die Anfangsschwierigkeiten im Lesen hat er weitgehend überwunden. Seine Leistungen in Deutsch sind fast ausreichend, in den übrigen Fächern zufriedenstellend.

»Na bitte«, sagt Pips, »ich hab's gewußt.«

»Du findest das Zeugnis gut?« frage ich.

Er schaut verwundert. »Du nicht? Wieso du nicht? In Deutsch reich' ich aus, und im andern bin ich zufrieden. Steht doch da!«

»Fast ausreichend bedeutet vier minus«, sage ich.

»Ja, aber der Rudolf...«

»Hör mit dem Rudolf auf. Erklär mir lieber, was das hier zu bedeuten hat: er hat eine lebhafte Phantasie und neigt dazu, gelegentlich Wahrheit und Unwahrheit zu verwechseln.«

Pips denkt nach. »Ja, weißt du, die Fräulein Deichmann hat eben bißchen andere Wahrheit als ich.«

»Ach nee.«

»Ihre Wahrheit ist bißchen langweiliger als meine Wahrheit, weißt du.«

»Aber ehrlicher«, sage ich.

»Ich lüg' nicht«, sagt Pips, »ich hätt's doch gemerkt, wenn ich gelogen hätte.« Plötzlich kriegt er die Wut. Brüllt: »Ach, Mensch!« daß sich die Leute umdrehen, »da denk' ich, du freust dich' und was machst du? Du suchst bloß das Miese aus dem Zeugnis raus. Dabei steht da, daß Pips ein liebes, fröhliches Kind ist. Dazu sagst du gar nichts. Warum nicht?«

Er schaut mich an in seinem Zorn.

»Du hast recht«, sage ich, »du hast ja so recht.«

Und dann gehen wir erst einmal ein Eis essen.

Immer diese Familienfeiern!

von Karlchen

Ich habe nur noch einen Großvater. Von dem anderen ist bloß die Pension übriggeblieben, von der Oma lebt. Mein Großvater mag mich. Er steckt mir immer was zu, am liebsten heimlich. Mein Großvater hat gern Heimlichkeiten mit mir gegen die übrige Familie.

Mein Vater sagt, es sei furchtbar, wie der Alte mich, das Karlchen, verzieht. Ihm selber habe er damals nichts erlaubt, aber auch rein gar nichts.

Bloß immer ins Kreuz geboxt habe er ihn wegen seiner laschen Haltung. Und die kurzen Haare – Streichholzlänge und ausrasierter Nacken – das verzeiht er dem Alten nie, sagt mein Vater.

Mein Großvater sagt: »Dein Vater, Karlchen, das will nun ein junger Mann sein. Dabei verträgt er rein gar nichts. Keinen Mumm in den Knochen. Und mit achtunddreißig schon herzkrank. Du, Karlchen, du bist aus anderem Holz geschnitzt, aus anderem Schrot und Korn. Du schlägst nach mir.«

Als ich noch klein war und in den Ferien bei den Großeltern, haben sie Großvater und mich gemeinsam an die frische Luft geschickt, wenn wir zu Hause störten.

Aber Großvater kannte Wirtschaften, wo wir vor allzu frischer Luft sicher waren und wo ich schon morgens heiße Würstel kriegte. Er hat mich auch von seinem Bier trinken lassen.

Großvater wußte immer, wo es junge Katzen, alte Dachpappe, eine Brandstätte oder eine Beerdigung mit Blasmusik gab. Da gingen wir dann hin. Wir haben auch gemeinsam die Züge kontrolliert, meistens hatten sie etwas Verspätung.

Er war viel geduldiger mit mir als die anderen Erwachsenen, aber das kam wohl daher, weil ich aus seinem Schrot und Korn geschnitzt bin und der einzige, der nicht türmte, wenn er die Geschichte von Generalfeldmarschall Rommel erzählte, wie der ihm vor Tobruk ins Auge geschaut und gesagt hatte: »Na, denn wollen wir mal.«

Nun hatte Großvater seinen fünfundsechzigsten Geburtstag. Wir mußten schon zu Mittag hin. 15 Stück Verwandte in der kleinen Wohnung.

Wir Kinder standen rum, was sollten wir sonst machen. Das Turnen auf dem Schaukelstuhl war verboten, und die Kuckucksuhr durften wir auch nicht mehr anfassen, weil die Reparatur nach unserem letzten Besuch so teuer war.

Mama half Oma in der Küche. Oma sagte: »Ist das nun nicht ein Wahnsinn, so einen aktiven Mann, der seine Nase in alles reinstecken muß, so früh zu pensionieren? Gestern hat er den Mülleimer kontrolliert. Ob er auch mit Papier ausgelegt ist. Wenn ich daran denke, daß in seiner Familie alle achtzig werden! Wenn ich mir vorstelle, noch fünfzehn Jahre tagein tagaus einen Mann im Haus, der den Mülleimer kontrolliert!«

Onkel Fritz lief meiner Schwester hinterher, die schon sechzehn ist.

Papa und Onkel Lothar gingen runter, Onkel Lothars neues Auto anschauen. Als sie wieder raufkamen, war Papa sauer.

Endlich wurde zu Tisch gebeten. Bei der Bouillon gab Onkel Fritz mit seinem Ferienhaus in Spanien an und lud meine Schwester dahin ein, der alte Dackel.

Tante Lucie in dem roten Kleid, wo sie oben aus dem Ausschnitt platzt, hielt ihre Hand immer so, daß man ihren neuen Ring sehen konnte.

Onkel Lothar erzählte von seiner Neckermannreise nach Bangkok, und damit die Verwandten nicht dachten, wir hätten es inzwischen zu gar nichts gebracht, erzählte Mama, daß Papa in eine Bausparkasse eingetreten sei.

Als Oma das Roastbeef auf den Tisch stellte, erhob sich mein Onkel Lothar. Mein Papa hatte schon vorher gesagt, wetten, daß der Lothar sich wieder reden hören will? Onkel Lothar las ein Loblied auf Großvater vom Blatt. Großvater und Onkel Lothars Frau waren sehr gerührt.

Aber wenn einer schon beim Essen reden muß, warum dann nicht bei der Bulljong, an der wir uns eh die Schnauze verbrannt haben?

Nach dem Essen wuschen Mama und Tante Lucie ab, und Tante Lissy und ihr Mann guckten sich genau in der Wohnung um. Bei der Bauerntruhe blieben sie stehen und sagten, alles andere wäre Trödel hier, aber die wär schön und sie müßten rechtzeitig festmachen, daß sie die mal erben.

Papa und Onkel Fritz kriegten sich politisch in die Wolle, und Oma rannte zum Fenster und machte es zu, wegen der Nachbarn.

In der Küche sagte Tante Lucie zu Mama, die moderne Kindererziehung sei Käse. Kinder müßten spüren, ohne Prügel ginge es nicht, und wenn einer in der Schule nicht mitkommt, dann liegt das eben daran, daß er faul ist. Mama sagte, du spinnst doch, Lucie, und dann sah sie uns Kinder im Flur stehen und sagte, warum spielt ihr nicht, geht runter und spielt schön.

Tante Lucie rief uns nach: »Aber macht euch nicht dreckig, sonst gibt's was.«

Wir gingen also runter und standen auf der Straße rum. Onkel Lothars Sohn gab mit dem neuen Auto von seinem Vater an. Da machten wir es madig.

Mitten in unsere Prügelei rief Oma aus dem Fenster: »Nach oben kommen, Kinder, Kaffee trinken.«

Nun spielten wir endlich schön, nun mußten wir wieder hoch.

Tante Hanna erzählte beim Kaffee pausenlos von ihrer Tochter, und wie die Geburt von ihrem Enkel in Karlsruhe vor sich gegangen ist. Konnte einem richtig übel werden.

Ich war nervös wegen dem Mohrenkopf auf dem Teller mit den Konditorstücken, daß mir den keiner wegschnappt, weil kommen Kinder doch immer zuletzt mit Nehmen ran.

Und was hab ich geahnt – Tante Lucie nahm ihn direkt vor meiner Nase. Ich kann sie sowieso nicht ausstehen, sie küßt so naß.

Onkel Fritz sagte zu meiner Schwester, er könne ruhig Kuchen essen, er wäre fabelhaft in Form. Kein Gramm zuviel, ob sie mal anfassen möchte? Er nähme es nicht nur rein figürlich, sondern überhaupt mit jedem Zwanzigjährigen auf.

Tante Lissy befühlte das ganz mit Löchern bestickte Tischtuch, wahrscheinlich, weil sie prüfen wollte, ob es zu erben lohnt.

Dann klingelte es, und es kam ein Glückwunschtelegramm von Mamas Schwester aus Celle.

Großvater sagte, nein so was, daß die an mich gedacht hat. Er weiß ja nicht, daß Mama ihrer Schwester geschrieben hat, vergiß bloß nicht den Geburtstag von meinem Schwiegervater.

Leider gab es ein Gewitter, und wir Kinder mußten oben bleiben. Da saßen wir wieder rum.

Ich fragte Großvater, ob ich fernsehen darf. Er sagte, ja, mein Junge, aber es war kaum was zu verstehen, weil alle durcheinanderquatschten. Drehte ich eben lauter. Kam Onkel Lothar und gab mir fünf Mark, damit ich den Kasten abdrehe. Der schmeißt auch mit dem Geld rum, der.

Wir waren noch bummvoll vom Mittag und vom Kaffee, da gab es schon Abendbrot, und Großvaters Kriegskamerad kam zu Besuch.

Sie sprachen von nichts anderem als von ihrer Kompanie in Afrika.

Es muß eine schöne Zeit gewesen sein, weil Großvater immer davon anfängt, wenn er einen gehoben hat.

Meine Schwester sagte: »Gib Opa die fünf Mark, damit er endlich aufhört, davon zu reden.« Aber war ich blöd –? Fünf Mark! Kann ich mit dem Geld rumschmeißen wie Onkel Lothar?

Großmutter hatte meinen Vetter in die Küche geschickt, den Eierlikör holen. Wie er nicht wiederkam, schickte sie mich nach.

Er war gerade dabei, die Likörflasche unterm Wasserhahn wieder aufzufüllen, er sagte, das Zeug schmeckt zu dufte. Dann wurde ihm schlecht. Hab' ich gelacht.

Großvater und sein Kriegskamerad sangen ›O du schöner Westerwald‹ und ich fragte mich, warum singen alte Männer immer o du schöner Westerwald, wenn sie besoffen sind?

Papa, Onkel Lothar und Tante Lissys Mann, von dem ich immer den Namen vergesse (aber wir sehen ihn ja sonst nie, Mama spricht schon seit Jahren nicht mehr mit Tante Lissy), spielten Skat.

Tante Lucie zeigte ihren Schmuck rum, und Mama guckte alte Fotoalben an.

Onkel Fritz kniff meiner Schwester in den Hintern, das sah zufällig Papa und wurde tücksch.

Mama rettete die Lage, indem sie munter rief: »Nun gehen wir alle nach Haus, die Kinder müssen ins Bett.« Es wurde auch Zeit.

Auf der Straße stritten sich Mama und Papa um die Autoschlüssel. Papa sagte, er wäre noch sehr wohl in der Lage, zu fahren. Mama sagte, das bist du nicht, soll dir bloß einer vorne reinfahren, du brauchst gar nicht schuld sein, aber wenn sie deine Fahne riechen, bist du dran, und die Versicherung zahlt nichts.

Mama fuhr uns heim und schimpfte die ganze Zeit auf Papas Verwandtschaft und auf den Obstsalat, der wäre zu süß gewesen. Hätte sie Sodbrennen nach gekriegt.

Papa sagte: »Wenn du nichts zu meckern hast, bist du auch nicht glücklich.«

Ferien sind schön

Die Reise ist längst gebucht und bezahlt, eine alte Tante bestellt, um solange den Hund zu hüten, die Blattpflanzen zu begießen und mögliche Einbrecher zu verjagen.

In einer Woche soll es losgehen.

Da brechen zwei Tage vor Schulschluß in Renis Klasse die Masern aus.

Die Spannung läßt sich kaum ertragen: Ist die heißersehnte Reise nun für mindestens zwei Familienmitglieder im Eimer, oder kriegt Reni die Masern *nicht*?

Verstopfte Landstraße.

Vater hat endlich drei LKWs, zwei Traktoren, unzählige Personenwagen mit und ohne Wohnwagen überholt. Sieht freie Bahn vor sich und drückt erleichtert das Gaspedal durch.

Da sagt Reni hinter ihm: »Vati, ich muß mal.« Vater sagt: »Jetzt geht das wirklich nicht.« Und Reni sagt: »Wenn ich aber muß?«

Mit Tränen in den Augen steht der Vater am Straßenrand und schaut zu, wie sie alle, alle an ihm vorüberdonnern, die er so nervenfressend überholt hatte.

Ehe er weiterfährt, fragt er die übrige Familie, ob vielleicht *noch* einer –? Jetzt ist Gelegenheit. Vor der Grenze hält er nicht mehr an. Es muß aber keiner.

In einem tollkühnen Überholungsmanöver, das ihn mit Mutter total entzweit, setzt er sich an die Spitze der nächsten Autokolonne, sieht endlich wieder freie Straße vor sich, drückt erleichtert das Gaspedal durch, da sagt der kleine Michi hinter ihm . . .

Ja, was sagt der wohl?

Auf der Autofähre sind alle ausgestiegen und halten die Köpfe in die Sonne, man kann ja nicht früh genug damit anfangen.

Dadurch sieht keiner, wie der kleine Michi die Autoschlüssel abzieht und über Bord wirft und ihnen verzaubert nachguckt. Sie plumpsen so schön ins Wasser!

Erster Tag im Ferienort.

Eine Stunde Warten aufs Essen.

Und so nervöse Ober.

Aber du wolltest ja unbedingt hierher.

Ja – ja – ja – jetzt bin ich's wieder. Einen Prügelknaben mußt du ja haben, sonst fühlst du dich nicht wohl.

Nun sitz endlich stille, Michi, verdammt noch mal, macht einen ja ganz nervös!

Endlich kommt die Suppe. Die Suppe ist kalt. Der kleine Michi mag keine Suppe. Er mag überhaupt nicht mehr hier sein und fängt an zu brüllen.

Die Eltern entschuldigen sich, verkrampft lächelnd, bei den umliegenden Tischen: Das macht er sonst nie.

»Das liegt am Reizklima«, sagt eine nette Dame. »Meiner war auch immer am ersten Tag hier unausstehlich.«

(Selbige nette Dame wird dem kleinen Michi später die Wasserpistole schenken, die ihm seine Eltern nicht kaufen wollten.

Zum Dank dafür beschießt er beim nächsten Mittagessen damit ihr Kotelett.

Nun kann die nette Dame den kleinen Michi nicht mehr so gut leiden.)

Erste Nacht.

Eltern, Tina und Reni müssen auf dem Bauch schlafen. Das macht der Sonnenbrand auf ihrem Rücken.

Nun der kleine Michi schläft rundherum schön. Er läßt sich ja auch nicht den ganzen Tag am Strand grillen, er ist doch nicht dumm.

Zwei Tage lang muß die Familie die Sonne meiden.

Am dritten Tag fängt's an zu regnen.

Was macht man bei Dauerregen zu fünft in zwei kargen Hotelzimmern?

Man spielt Quartett und Memory und Mensch-ärgere-dich-nicht und ärgert sich: wie billig ist Dauerregen daheim!

Ach, wären wir doch bloß nach Spanien! Aber du wolltest ja unbedingt –!

Nach zwei mühsam überlebten Tagen im Hotel kauft Vater fünfmal gelbes Ölzeug.

Kaum sehen die Regenwolken die Familie im gelben Gänsemarsch am Strand entlangtrotten, verziehen sie sich.

Die Sonne ist wieder da, das Ölzeug im Schrank.

Immer diese unnötigen Ausgaben!

Tina, die Älteste, hat Anschluß an einen durchgerosteten Porsche Baujahr 64 gefunden.

Um neun Uhr abends sollte sie spätestens im Hotel sein. Um zehn ist sie noch immer nicht da.

Vater schüttelt einen Zeigefinger so wild in Mutters Richtung, daß er beinah abfällt:

»*Deine* Tochter! *Deine* Tochter!!!«

Inzwischen hat man sich fabelhaft eingelebt. Willst du immer noch nach Spanien, ja? Was glaubste, was das da jetzt heiß ist! Und wo ich das Öl nicht vertrage... nu sag schon, daß es eine gute Idee war, hierherzufahren. Nu gib schon zu!

Man hat sich auch so gut organisiert. Einen Tag paßt Mutter auf die Kleinen auf, damit Vater seine Ruhe hat.

Einen Tag paßt Vater, damit Mutter – und einmal in der Woche, wenn Mutter beim Friseur ist, passen die Kinder auf Vater auf, damit er nicht mit dem linken Strandkorb schäkert.

Tina liegt in der Strandburg mit der Muschelaufschrift »Villa Schmidt« und leidet zu den Klängen eines total versandeten Kassettenrekorders vor sich hin.

Es ist aus mit dem Porsche.

Aber ihren Freundinnen daheim wird sie erzählen, daß *sie* ihn hat sitzenlassen.

Reni hat zwei Plastiktüten voll bunter Muscheln und Seeigel und einen halben Seestern.

Was willst du denn damit zu Hause anfangen, Kind? Es liegt doch schon genug bei uns herum.

Reni nimmt die Tüten trotzdem mit. Man kann doch nicht einfach wegwerfen, wonach man sich so freudig gebückt hat.

Auf der Heimfahrt an der Grenze stellt der Zöllner die Routinefrage, ob sie was zu verzollen hätten? Zigaretten? Alkohol?

»Bloß eine Flasche Schnaps«, sagt Vater treuherzig. Das kann der kleine Michi nicht auf seiner Familie sitzen lassen. Bloß eine!

»Wir haben ganz viele mit!«

Die Eltern lachen darauf hektisch laut: »Kindermund, Herr Zollinspektor, Kindermund! Ist er nicht süß?«

Gesunde, tiefgebräunte Heimkehr mit nur einem eingebeulten Kotflügel.

Die Tante hat inzwischen bestens die Wohnung verwaltet: den Hund gegossen, die Blattpflanzen verjagt, einen Einbrecher gehütet... und einen Riesenzopf mit dem Hausmeister.

Auf Vaters Schreibtisch stapeln sich Rechnungen, Bankbriefe und ein Schreiben vom Finanzamt, das macht er erst morgen auf.

Außerdem finden sie mehrere bunte Urlaubsgrüße von ihren Freunden vor. Alle schreiben, sie hätten es diesmal prima getroffen.

Aber das kann unsere Familie nicht ärgern. Sie hatten es ja selber schön und noch wochenlang Sand in den Kleidern.

Krach

So eine Gemeinheit.

Eine Superschweinerei.

Sperrt sie mich ein. Ich laß' mich nicht einsperren. Nicht von der. Von der schon gar nicht. Ich räum' mein Zimmer nicht auf Kommando auf. Ja, spinn' ich? Kann mir schließlich nicht alles von ihr bieten lassen. Wer bin ich denn?

(Hackenbummern ans Türholz – einmal – noch mal – noch mal – wumm! Das dröhnt. Das freut den Zorn. Das tut ihm gut. Provoziert auch so schön.)

Gleich wird sie reinkommen und mich anfegen. Ob ich verrückt geworden wäre, solchen Spektakel zu machen. Sage ich: »Nö, wieso?« und grinse. Das bringt sie auf die Palme. Wird sie mir eine schmieren? Sage ich: »Hau doch, Mensch – Mensch, hau doch – so was Gemeines! Haut ihr eigen Fleisch und Blut! Glaub ja nicht, ich heule, weil's weh tut. Tut dir viel mehr weh in der Hand als mir auf der Backe. Ich heule aus Wut. Deshalb.«

Warum kommt sie nicht endlich rein und schmiert mir eine? Warum will sie sich nicht weiter mit mir krachen?? Alles Schikane von ihr.

Ich mach' ein dickes Kreuz über ihr Gesicht auf dem Familienbild.

Ich zerreiß' alle Fotos, die sie von mir hat. Kann sie mich nicht mehr überall rumzeigen. Schadet ihr gar nichts.

Ich pfeif', als ob mir unser Krach schnuppe ist. Ich rede acht Tage nicht mit ihr, wird sie sich wundern.

Vierzehn Tage.

Ich hau' einfach ab, ja, ich hau' ab.

Ich geb' ihr ihre Geschenke zurück.

Ich hol' mir den Zwiebelschneider wieder, den ich ihr zum Geburtstag geschenkt habe. Dann merkt sie endlich, wie ernst es mir ist.

Wenn ich nun abhaue, und sie sagt es heute abend meinem Vater, wenn der anruft?

Olle Petze, Mensch!

Sonst sind sie geschieden, aber wenn's um mein Unglück geht, halten sie immer zusammen.

Ich räume trotzdem nicht auf. Ich schreib' auch das blöde Englisch nicht noch mal ab.

Na schön – bleibe ich eben sitzen – ist euch peinlich, wenn ich sitzenbleibe, was? Mir nicht.

Mir ist schon alles egal.

Ach, Scheiße.

Andi und Nico sind draußen. Die hämmern was im Garten. Was die wohl hämmern?

Die haben's gut. Die dürfen im Garten was hämmern. Und ich?

Eingesperrt.

Darf nicht raus. Muß aufräumen und alles Englische noch mal schuften, was ich schon geschuftet habe. Wegen der paar Rechtschreibfehler. Dabei wozu?

Das Leben ist so kurz.

Es müßte bloß eine Sprache auf der Welt geben, die genauso ausgesprochen wird, wie man sie schreibt – ohne th's und dt's und mal Doppel-m und mal nicht ... wer hat denn was davon? Würden wir uns auch viel weniger zanken.

Was macht sie wohl?

Warum kommt sie nicht rein und kontrolliert, ob ich Englisch noch mal abschreibe und aufräume? Ich schreib' ja ab – denk mal an.

Wenn sie sich gebührend entschuldigt, bin ich ihr vielleicht auch nicht mehr böse.

Komm doch mal rein!

Und jetzt noch das Mistaufräumen. Am besten alles unters Bett und den Rest in 'n Schrank.

Irre langweilig, so'n Krach. Nicht mal 'n Hund hab' ich zum Reden. (Ruft durch die Türritze): »Sascha! Komm mal!«

(Sascha pustet von außen durch die Türritze und kratzt am Holz.) Jaja, mein Guter, du bist der einzige, der noch zu mir hält. (Seufzer) Wenn ich dich nicht hätte. (Melodram): *Du* wenigstens hast mich noch lieb.

(Nebenan lacht seine Mutter. Gibt sich gar keine Mühe, das Lachen zu unterdrücken. Er muß auch grinsen.)

Ist ja auch ziemlich blöd. Hat man sich irre gern und versteht sich eigentlich prima und versteht im Grunde gar nicht, warum man manchmal solche Höllenwut aufeinander kriegt. Und sich die schlimmsten Sachen an den Kopf schmeißt. Und sie auch meint in dem Augenblick, wo man sie schmeißt. Man kann einfach nicht gegen an. Nachher tut's einem leid.

(Ziviles Bummern an die verschlossene Tür.)

»He, mach mal auf, ich muß aufs Klo.«

(Frage von draußen): »Hast du aufgeräumt?«

»Ja.«

»Englisch auch?«

»Alles beides.«

(Die Tür wird aufgeschlossen. Mutter und Sohn stehen voreinander.)

»Kann ich jetzt runter?«

»Erst zeig mir das Heft. – Schön ist das gerade nicht.«

»Aber besser. Mußt du zugeben. Aufgeräumt habe ich auch. Kann ich jetzt gehen?«

(Zögern mütterlicherseits.)

Wenn sie jetzt sagt: »Hättest du nicht den wilden Mann gespielt, sondern gleich aufgeräumt und abgeschrieben, könntest du schon seit einer Stunde im Garten sein und mit Andi und Nico hämmern...«

Aber sie sagt es nicht.

Sie hat überhaupt viel gelernt im Umgang mit ihm. Sie läßt sich nicht mehr hochbringen, ist nicht beleidigt, nicht einmal, wenn er sie im Zorn ein dummes Huhn schimpft...

»Kann ich jetzt gehen?«

»Meinetwegen.«

(An der Wohnungstür dreht er sich noch einmal um.)

»Danke.«

(Als ob sie ihm etwas geschenkt hätte.)

Kennen Sie einen Knaben, der sich gerne wäscht?

Es gibt zwei grundverschiedene Arten von Wasser – das schöne und das schädliche.

Das schöne steht in Pfützen, stinkt im Teich und fließt in Form eines Flüßchens in den großen See, an dem der Knabe wohnt.

Das schädliche Wasser kommt aus der Leitung im Badezimmer, es dient zum Waschen und Zähneputzen. Deshalb wird es von dem Jungen tunlichst geschont, es sei denn, er benutzt es zum Füllen seiner Wasserpistole und ähnlich sinnvollen Unternehmungen. Das Beste im Badezimmer ist die Brause, und zwar dann, wenn man ihren Hebel nach dem Gebrauch nicht zurückstellt. Dann braust sie den Frauen, die später die Hähne aufdrehen, auf den Kopf, und sie kreischen um ihre Frisur, schadet ihnen gar nichts. Was verfolgen sie den armen, kleinen Jungen auch immer mit ihrem Sauberkeitsfimmel.

Sie sagen zum Beispiel: du mußt heute baden, selbst wenn er gerade aus dem See kommt. Und das versteht er nicht: wieso scheucht man ihn danach noch mal in die Wanne? Ist er ihnen noch nicht naß genug?

Und wieso interessieren sie sich so sehr für den Sauberkeitsgrad seines Halses? Was geht sie überhaupt sein Hals an, und wer sieht den schon? Hinten verdecken ihn die Haare, und vorne ist meist Rollkragen. Also!

Was zum Kuckuck gehen sie seine inneren Ohren an, in die noch kein anderer als der Kinderarzt geguckt hat, und der macht sich seit dreißig Jahren keine Illusionen mehr über das Innere von Knabenohren.

Die Mutter des Jungen versucht ab und zu, mit einem wattierten Stäbchen in sie einzudringen, aber da hat sie sich verrechnet. Da gibt's vielleicht Ärger. Da müßte sie ihn schon betäuben, um ans Ziel, beziehungsweise in sein Ohr zu kommen.

Der Junge weiß schließlich selbst, wann er dreckig ist. Dann wäscht er sich auch.

Aber nur um des Waschens willen waschen ist doch Blödsinn.

Zum Beispiel am Morgen. Warum soll er einen Körper und ein Gesicht waschen, die eine Nacht lang weder mit Teer, Tinte, Erde noch Staub in Berührung gekommen sind, sondern ausschließlich mit sauberem Bettzeug? Da genügt doch vollkommen: Schlaf aus den Augen, Frühstücksmarmelade von der Backe. Fertig. Schluß. Er wird auch nie einsehen, warum er beim Füßewaschen die kitzlige Sohle mitschrubben soll, die sieht doch keiner von oben, oder?

Alles solche Zeit- und Müheverschwendung.

Und warum täglich baden, warum? Das nutzt doch bloß die Haut ab. Er hat seiner Mutter einen so guten Vorschlag gemacht, und zwar: bloß ein Vollbad pro Woche, dafür das eine doppelt so lang als normal, sozusagen auf Vorrat. Wollte sie aber nichts von wissen. Es paßt ihm auch nicht mehr, daß sie ständig dabei ist, wenn er badet. Schließlich ist er schon elf.

Seit einiger Zeit nimmt er sich deshalb ein Tablett mit in die Wanne. Das hält er sich vor den Bauch, wenn sie hereinkommt und seinen Rücken schrubbt.

Und dann das Zähneputzen. Das auch noch.

Morgens und abends haben sie gesagt. Hat er gesagt, die Zahnpasta schmeckt ihm nicht. Haben sie ihm eine mit Himbeergeschmack gekauft. Hat er sie lieber gegessen als zum Putzen verwendet, aber nur kurze Zeit, denn so gut schmeckte sie nun wieder auch nicht.

Als der Junge noch dumm war, sagte er auf die Frage, ob er geputzt habe, lammfromm ja.

Darauf sind sie ins Bad gegangen und haben nachgeschaut, und seine Bürste war trocken. Von da ab hat er die Bürste naß gemacht.

Haben sie gesagt: mach mal höh! wenn er aus dem Bad kam. Hat er höh gemacht und roch leider nicht nach Zahnpasta. Haben sie gesagt: »Aha, das dachten wir uns schon.«

Von da ab hat er die Bürste naß gemacht und bißchen Zahnpasta auf die Zunge geschmiert. Das ergab den sauberen Geruch, den sie sich wünschten, und bewirkte die Einstellung ihrer lästigen Nachforschungen.

Es gibt Tage, da spürt der Knabe, wie die Erwachsenen ihn so besonders anblicken.

Dann weiß er, jetzt stecken sie ihn in Gedanken in die Waschmaschine und stellen auf Kochwäsche. Aber dann trauen sie sich doch nicht wegen der Strafe, die auf Kinder-in-der-Waschmaschine steht.

Der Knabe beneidet seinen Hund. So ein Hund hat's gut. Steht morgens auf, reckt sich einmal, fertig ist er mit der Kosmetik für den ganzen Tag. Und die Erwachsenen finden das ganz in Ordnung. Mit dem Hund sind sie viel großzügiger als mit dem Jungen. Der darf ruhig mal ein bißchen stinken, trotzdem haben sie ihn gern.

Sie sagen: »Das ist nun mal so, schließlich ist er ein Hund.«

Warum sagen sie vom Jungen nicht auch: »Das ist nun mal so, schließlich ist er ein Junge.«

Der Schulbus

Jeden Morgen sammelt unser Bus in sieben Ortschaften alles auf, was in die Kreisstadt zur Schule muß. An sich ist er ein Linienbus, aber alle nennen ihn den Schulbus, denn die paar Erwachsenen, die mitfahren, haben zwar pausenlos was zu meckern, aber nichts zu sagen.

Stunk gibt's vor allem Montag früh, wenn einer dem andern übelnimmt, daß Montag früh ist, und ca. 60 Mißstimmungen auf engstem Raum durcheinanderschuckeln und übereinanderfliegen, besonders wenn der scharfe Herrmann in die Kurve geht.

Blöd für die Meirichkinder, daß heute nicht Herrmann, sondern der miese Müller fährt. Der läßt sich jedesmal die Monatskarten zeigen,

Die Meirichs haben aber bloß eine zu dritt, und das klappt sonst ja ganz gut: Einer steigt ein, zeigt sie vor, drängt sich nach hinten durch und schmeißt sie aus dem Busfenster auf die Straße, worauf der zweite Meirich mit ihr einsteigt, sie vorzeigt, sich durchdrängt und so fort. Bis alle Meirichs drin sind. Bloß nicht beim miesen Müller. Der sperrt die Fenster ab, damit er die Schwarzfahrer schnappen kann. Zwei Meirichs müssen je eine Mark für die Fahrt zahlen. Sie fühlen sich ausgebeutet.

Dienstag mittag.

Schulschluß. Häberle aus der siebten Klasse ist als erster an der Haltestelle und schreit: »Der Bus kommt!« Der Bus kommt noch gar nicht, aber es freut ihn, wie sich die anderen Schüler die Lunge aus dem Leibe rennen.

Der Bus kommt endlich. Fahrer Müller sieht eine lärmende, sich boxende Horde um die vordere, geschlossene Bustür gedrängt – und läßt die hintere aufgehen. Wildes Gestürze nach hinten. Die Letzten sind die Ersten – Kiki und Tanja aus der Fünften. Sie belegen vier Sitzreihen für ihre Freundinnen.

»Schiebung!« brüllen die Jungen und schmeißen sich auf die freigehaltenen Plätze.

Die Mädchen gehen mit Fäusten und Stricknadeln auf sie los, Tanja schüttet Probefläschchen aus der Drogerie – Parfüm und Mundwasser – über den langen Huber, Huber schreit »alte Sau!«

Fahrer Müller will sie alle augenblicklich hinaussetzen. Da beruhigt sich die Meute. Einige machen Schularbeiten, die anderen warten darauf, daß sie damit fertig werden, um abschreiben zu können.

Sie vertreiben sich die Zeit mit dem Herumschießen von Papierkugeln und ausgedienten Kaugummis. Der lange Huber geht von Bank zu Bank und fragt, ob noch einer ein Pausenbrot hat. Häberle hat, läßt Huber aber nicht abbeißen. Darauf stellt ihm Huber ein Bein. Häberle schießt in langen, stolpernden Sprüngen bis vorn durch und schlägt sich einen Vorderzahn wacklig. Huber fliegt raus. Aber bevor er aussteigt, gibt er noch jedem die Hand. Ein richtig schöner langer Abschied. Fahrer Müller kocht.

Mittwoch früh.

Eine Gruppe diskutiert darüber, was sich wohl in dem hochtoupierten Haaraufbau einer Mitfahrerin befinden mag – ein Vogelnest, Teleskop, abessinische Läuse? Dann macht eine große Schere ein Ratschgeräusch wie-wenn-als-ob hinter ihrem Kopf. Sie springt entnervt hoch und beschwert sich beim Fahrer. Er soll diese schrecklichen Kinder entfernen.

»Wieso«, sagt der, »die zahlen genauso wie Sie.«

Fahrer ist heute der scharfe Herrmann, der einzige, der die johlende, sich keilende, übermütige Meute ohne Nervenschaden übersteht.

Viele von ihnen fährt er schon sechs Jahre. Er muß ihnen die Daumen bei Klassenarbeiten halten und hat schon so manchen Entschuldigungszettel geschrieben. Herrmann ist dufte. Er bringt mit seiner Raserei den ganzen Fahrplan durcheinander und die Mädchen sowieso. Er ist ihr Typ. Vor allem der von Anni und Reni. Sie stehen immer vorn neben ihm und blockieren den Einstieg und merken gar nicht, wenn man ihnen die Mappen klaut oder sie mit ihren eigenen Schal-Enden an die Haltestangen fesselt.

Sie sehen bloß Herrmann.

Freitag nachmittag.

Die Schüler drängen sich in den schönen, warmen Busmief. Auf die hinterste Bank fallen die Großen. Die ist ihr Privileg. Darf kein Jüngerer rauf. Erst, wenn sie von der Schule abgehen, rücken die Nächstälteren nach. Aber das dauert! Weil die meisten Großen die letzten Klassen doppelt machen.

Die Großen stellen ihren Kassettenrecorder an. Herrmann wehrt sich gegen den Krach, indem er ihn mit dem Busradio bekämpft. Und so hört er erst gar nicht, wie sie von hinten »Herrmann!« brüllen.

»Herrmann, unser Hintern wird so heiß!«

Herrmann flucht: »Herrschaftszeiten, brennt das Luder schon wieder!«

Alle müssen aussteigen und betrachten das qualmende Busheck.

Herrmann holt den Feuerlöscher. Er begegnet lauter vorwurfsvollen Blicken. »Warum passiert so was nie morgens! Warum immer, wenn wir nach Hause fahren!!?«

Beim Müller würden sie das noch verstehen. Da wär's echte Schikane. Aber bei ihm –!

Halbzeit für Schüler

Im Februar gibt es Zwischenzeugnisse.

Sie sind Alarmklingeln für Schüler, die sich weder durch außerordentliche Begabung noch durch Strebsamkeit auszeichnen. Manchem ist das Alarmbimmeln ziemlich schnuppe. Aber es gibt doch eine ganze Menge, die versuchen noch kurz vor Toresschluß zu retten, was zu retten ist.

Die reißen sich jetzt unheimlich zusammen. Sie stöhnen, weil sie büffeln müssen. Sie lassen ihrer Aufsässigkeit die Luft ab und ziehen die Krallen ein.

In der Klasse bricht vorübergehend eine für die Klasse geradezu unnatürliche Ruhe aus. Es fliegt auch kaum etwas herum.

Der Lehrer versteht sein eigenes Wort.

Die Schüler bemühen sich, die Worte des Lehrers zu verstehen.

Es melden sich auch solche freiwillig an die Tafel, die der Lehrer sonst nur vom Hörensagen kennt.

Sie schwänzen weniger, und wenn, dann nur mit Entschuldigungszetteln, die die Erziehungsberechtigten selbst ausgestellt haben.

Sie machen sogar ihre Hausaufgaben, sogar in Nebenfächern.

Es ist beobachtet worden, daß ein Schüler einer Lehrerin die Tür aufgehalten hat.

Mädchen schmeißen mit Augenaufschlägen nach den Lehrern, in deren Fächern sie schlechte Noten haben. Oder sie wippen mit dem bißchen, was sie schon haben. Manche fangen mit den schlechten Noten und dem Wippen schon früh an.

Innerhalb weniger Tage werden Schularbeiten in allen Hauptfächern geschrieben. Die Lehrer brauchen schließlich die Noten für die Zeugnisse. Sobald die Schularbeiten geschrieben sind, tun die Schüler keinen Strich mehr für das Fach, in dem sie geschrieben wurden.

Dafür haben jetzt die Lehrer den Ärger mit dem Durchkorrigieren und Benoten der Arbeiten.

Wenn ein Deutschlehrer in drei Klassen Aufsätze schreiben ließ, muß er jetzt an die hundertzehn und mehr Dichtungen durchkauen. Das ist nicht immer eine wahre Freude.

Schwant den Schülern, daß sie eine Zeugnisarbeit verhauen haben, so werden sie mit Entschuldigungen beim Lehrer vorstellig.

Sie sagen sich, vorbeugen ist besser als nachbeugen.

In Bayern ist meistens der Föhn an ihrem Versagen schuld.

In anderen Bundesländern sind es vor allem Unwohlsein, kaputte Füllfedern und familiäre Schwierigkeiten. Nach jeder Schulstunde versuchen Schüler, mit dem Lehrer um bessere Noten zu feilschen.

Das ganze Jahr über grault sich die Musiklehrerin vor jeder Unterrichtsstunde in der randalierenden Klasse. Kurz vor den Zeugnissen jedoch verwandeln sich etliche von den Krachmachern ganz plötzlich in liebe, verständnisvolle, sogar mitsingende Herzchen.

Dieses schöne Benehmen in letzter Minute hat schon manchem ursprünglich hochveranlagten Notenempfänger zu einer Zwei in Musik verholfen. Obgleich er eine Vier verdient hätte. Mindestens.

Aber es ist noch kein Schüler gekommen und hat sich über eine ungerecht gute Benotung beklagt. Die Notenkonferenzen der Lehrer haben einen Vorteil zumindest für die Schüler: der Unterricht fällt solange aus.

Eltern merken das Herannahen der Zwischenzeugnisse an der Art und Weise, wie sie von ihren Kindern auf einen mittleren Schicksalsschlag vorbereitet werden.

Entweder durch Vorklagen:

a) der F. ist ja so ungerecht! Der zieht immer die Mädchen vor;

b) wie soll man beim Sch. was lernen, wenn sein Unterricht so stinklangweilig ist?

c) Ich pauke und pauke, aber was kann ich dafür, wenn ich immer genau mit den Sachen rankomme, die ich nicht gelernt habe?

Oder die Kinder erinnern ihre Eltern kurz vor der Notenkonferenz an ihre eigenen Schulzeugnisse, die sie leider mal gefunden haben.

Die Zensurenkonferenzen sind vorüber. Die Würfel sind gefallen.

Der Klassenlehrer schreibt die Zeugnisformulare in Schönschrift aus.

Der Rektor unterzeichnet links mit Schnörkel. Morgen werden sie verteilt.

Es gibt aber auch Schulen, die schicken die Zeugnisse den Eltern zu.

... und ab nächster Woche können die Schüler endlich wieder Mensch sein.

Da wird die schöne Schlamperei mit den Hausaufgaben fortgesetzt.

Da darf randaliert werden.

Da schmeißt kein Mädchen mehr Blicke, und kein Knabe hält einem Pauker die Tür auf.

Da fürchtet sich die Musiklehrerin wieder vor jeder Unterrichtsstunde.

Oh, Canossa!

Im Jahre 1077 schmiß sich König Heinrich IV. in ein Büßerhemd, beugte demütig sein Haupt und ging per pedes nach Canossa, um vom päpstlichen Bann erlöst zu werden. Er mußte das aus taktischen Gründen tun, aber es ist ihm verdammt schwergefallen.

Im Jahre 1973 tritt Frau Hartwig nun schon zum zweitenmal einen ähnlich schweren Gang an, denn sie hat drei schulpflichtige Kinder.

Ihr Canossa liegt in der Elisabethenstraße im ersten Stock der Oberschule am Ende des zweiten Ganges links, da, wo die drei Stühlchen vorm Lehrerzimmer stehen und daneben der moderne Gebrauchsgegenstand, in den man oben seine nervös verwarteten Zigaretten drückt und unten sein total zerknülltes Selbstgefühl hineinstopfen kann. Zu Versetzungszeiten quillt dieser Gegenstand oben und unten über.

Frau Hartwig ist wegen ihres Jüngsten zum Klassenlehrer bestellt worden, der Deutsch und Geschichte gibt. Sie muß warten, denn eine Mutter ist schon im Sprechzimmer und eine andere sitzt auf einem der Stühlchen und hält sich mit beiden Händen an ihrer Handtasche fest.

Frau Hartwig setzt sich neben sie, den Blick auf die Schlächterpalme gerichtet, die auf dem gegenüberliegenden Fensterbrett vor sich hin kümmert. Es hängen schon viele, viele mütterliche Seufzer an dieser Pflanze. Denn bekanntlich wird kein Elternteil in die Lehrersprechstunde beordert, um dort Glückwünsche zu den guten Leistungen und dem noch schöneren Betragen seines Kindes entgegenzunehmen.

Es ist fast immer was Unangenehmes, weshalb man hinmuß. Schlechte Leistungen. Faulheit. Aufsässigkeit. Schwänzen. Kaputte Scheiben. Auf alle Fälle etwas, das Frau Hartwig als engste Verwandte und Erziehungsverantwortliche des Missetäters bzw. Versagers auszubaden hat.

Und das Schlimme – sie ist dabei von vornherein zur Defensive verdonnert.

Sie darf ihre Brut zwar verteidigen, aber nicht mit Gegenfragen kommen wie etwa: »Kennen Sie mein Kind überhaupt? Kennen Sie die Gründe für sein Versagen? Aber wie sollten Sie auch, Herr Dr. Fuchs. (Das ist der Klassenlehrer, der ihr bevorsteht.) Wie sollten Sie bei 40 Kindern in einer Klasse? Und liegt es nicht vielleicht auch an

Ihrem Unterricht, wenn er bei Ihnen nicht so mitgeht wie bei anderen Lehrern? Oder am Stoff?

Aber das darf sie alles nicht fragen.

Ihr Jüngster selbst hat ihr noch heute morgen beim Frühstück in der Küche eingebleut:

»Sag bloß nicht, was du denkst! Ich kann es nachher ausbaden.«

Lehrer bestellen Eltern nicht in die Sprechstunde, damit dieselben Kritik an ihnen üben.

Nicht noch Kritik von Eltern, mit deren Produkten sie sich Tag für Tag herumärgern müssen. Sie sind schließlich auch bloß Menschen, die jede Unterrichtsstunde auf eine andere Meute von 38 bis 40 Wilden, Faulen, Aufsässigen und ein paar Lichtblicken dazwischen losgelassen werden: Kindern dieser Eltern.

Viele von ihnen mögen einmal aus Idealismus den Lehrerberuf ergriffen haben. Sie wollten es besser machen als ihre eigenen Pauker damals. Aber die Schüler haben nicht so mitgespielt. Es waren zu viele gegen einen. Jeglicher Idealismus geht im Laufe der täglichen Mühsal, sich zu behaupten und der Meute auch noch das vorgeschriebene Pensum beizubringen, flöten.

Lehrer haben es nicht leicht mit ihren Schülern. Schüler haben es nicht leicht mit ihren Lehrern. Und Eltern, die wegen dieser Schüler zum Lehrer beordert werden, haben es auch sehr schwer. Ihnen sind Hände und Mundwerk gebunden auf diesem Behördengang mit menschlichem Anliegen.

Wehe, es fährt ihnen verletzter Elternstolz oder die Paukerabneigung aus eigenen Schultagen zerstörend dazwischen!

Sie müssen vergessen, daß sie im Leben trotz dürftiger Schulzeugnisse etwas Ernstzunehmendes geworden sind. Sie müssen nur eins im Auge haben: das Wohl und den Vorteil ihrer Kinder. Sie müssen sich taktisch klug verhalten. Oh, Canossa!

»Sind Sie auch zu Dr. Fuchs bestellt?« fragt Frau Hartwig ihre Leidensgenossin auf dem Nebenstuhl.

»Nein, zum Direktor«, sagt diese und wischt ihre feuchten Handflächen an den Hosenschenkeln ab. Muß sich räuspern, um den Kloß in ihrem Hals loszuwerden. Ist offensichtlich froh, angesprochen worden zu sein. Reagiert wie angestochen.

Wird ohne Übergang furchtbar zornig.

»Können Sie mir mal sagen, warum immer wir Mütter alles ausbaden müssen? Ihr Mann und meiner könnten doch auch herkommen, aber nein. Sie drücken sich. Dringende geschäftliche Termine.«

Frau Hartwig nickt. »Sie sagen es.«

»Ich bin auch berufstätig«, lodert ihre Nachbarin. »Ich bin Ärztin. In meiner Praxis warten die Patienten. Aber ich, ich muß her, immer ich, wenn's unangenehm wird, ach verdammt noch mal.« Sie kramt in ihrer großen, abgewetzten Tasche nach Zigaretten und Feuerzeug, findet kein Feuerzeug. Frau Hartwig hat auch keins, sie schmeißt die Zigarette ärgerlich in die Tasche hinein und stellt sie ans Stuhlbein.

»Wenn mein Mann heute abend nach Hause kommt und fragt, na, wie war's denn, und ich erzähle, dann werde ich zum Dank auch noch beschimpft. Dann heißt es, warum hast du ihm nicht gesagt – warum hast du nicht gefragt – ich an deiner Stelle hätte...«

»*Wenn man dich schon schickt!*« vollendet Frau Hartwig.

»Ja.« Ihre Nachbarin schaut sie beinahe zärtlich an.

Zwei Frauen – noch vor zehn Minuten Fremde, durch gemeinsames Schicksal spontan per du in der Seele – sind bereit, voreinander auszupacken.

»Einmal – ein einziges Mal, als ich im Krankenhaus lag – hat mein Mann zum Lehrer müssen«, erzählt Frau Hartwig und lacht. »Das war vielleicht was! Da hat er es mir zeigen wollen, wie man mit einem Lehrer umgeht. Einen Zettel hat er sich gemacht, auf dem alles stand, was er sagen und fragen wollte. Ganz bestimmt auftreten wollte er auch. Und als er schließlich vorm Lehrer saß...«

»...da fiel ihm überhaupt nichts mehr ein, was er sagen wollte, und er ist dem Lehrer in den Hintern gekrochen, stimmt's?« vollendet die Ärztin.

»Aber da kann ich Ihnen auch einen Fall erzählen...«

Sie kommt nur nicht mehr dazu, weil sich die Tür zum Lehrerzimmer geöffnet hat.

Eine Mutter strömt, blind vor aufgewühltem Innenleben, heraus. Strömt den Flur hinunter...

Dr. Fuchs schaut auffordernd zu den Wartestühlen. Es ist soweit.

Frau Hartwig erhebt sich, sieht noch, wie ihre Nachbarin und Leidensgenossin ihr beide Daumen hält.

Sie geht auf Dr. Fuchs zu, spürt ihr Lächeln wie einen Krampf in den Wangen.

»Frau Hartwig?«

»Ja.«

»Bitte, nehmen Sie Platz.«

Die Tür zum Lehrerzimmer schließt sich hinter ihnen. Weiß so ein Schüler eigentlich, was er seiner Mutter damit antut?

Die umgestoßene Kakaokanne

»So! So! Na bitte! Das hab' ich kommen sehen. Hundertmal hab' ich gesagt, du sollst nicht mit dem Stuhl kippeln. Jetzt haben wir die Bescherung!« Klapse. Brüllen.

»*Schämst du dich nicht?* Marsch vom Tisch!« Immer rauf auf die kleinen Schwachen.

Wenn der Knirps, der das Pech hatte, die Kakaokanne umzuwerfen, schon das Recht zu eigenständiger Kritik hätte, würde er jetzt sagen: »Tschuljung. Hab's ja nicht mit Absicht gemacht. Bestimmt nicht. Mußt du nicht immer gleich so schimpfen. Schimpfst ja auch nicht mit dir selber, wenn du was umschmeißt.

Denk bloß mal an die Gemüsebüchsen neulich im Laden. Viele Leute haben sie angefaßt. Hab' ich sie auch mal angefaßt. Hast du gleich geschimpft: ›Wie oft soll ich dir noch sagen, du sollst nicht alles anfassen!?‹ Habe ich gelacht. Wolltest du mir paar kleben.

Dabei bist du gegen das Bord mit den Büchsen gekommen und hast sie alle runtergerissen. Mindestens zwanzig Stück.

Klang wie 'ne Bombe.

Hast du dich furchtbar bei der Verkäuferin entschuldigt und gesagt, es tut dir so leid, aber dieser verflixte Junge!

In unserm Mülleimer sind so oft Scherben, die nicht von mir stammen. Scherben, über die keiner schimpft, weil es erwachsene Scherben sind.

Und neulich? Als der Papi in einem Lokal zwei Tanten und einen Hund und den Fußbodenbelag mit Tomatensuppe bekleckert hat?

Alle mußten hinterher in die Reinigung. Aber das kann ja mal vorkommen, nicht wahr, das ist schließlich kein Beinbruch, wenn es *euch* passiert. Ihr seid ja schließlich die Erwachsenen. Bei mir ist es auch kein Beinbruch, aber mir macht ihr den Ärger.

Und dann wundert ihr euch, wenn ihr mal alt seid und ich der Erwachsene und ihr werft was um und ich sage: ›Typisch Oma! Typisch Opa! Immer müssen sie alles bekleckern.‹

Und das ist dann die späte Frucht eurer Schimpferei wegen der umgestoßenen Kakaokanne, als ich noch klein war.

So.«

Die Zeit der jungen Blüte

Nun ist Karlchen sowieso keine *beauté*, und dazu noch die Pickel.

Jeden Morgen neue Pickel auf Karlchen.

Jeder Pickel ein Komplex.

Seine Schädlingsbekämpfung ist radikal. Zwischen zwei Fingernägeln rottet er alles aus, was auf ihm blüht, bis seine Mutter sagt: »Gottes willen, Karlchen, bloß nicht drücken. Du kriegst ja lauter Narben.«

Also läßt Karlchen die Pickel stehen, bis sie einen gelben Kopf bekommen, bis sein Vater – total irritiert von dieser Blüte – mitten in einer Standpauke den Faden verliert.

Auch Karlchens Bio-Lehrerin starrt sich an seiner Akne fest und fragt: »Wo – eh – wo sind wir stehengeblieben?«

Karlchen selbst holt unter der Bank einen geklauten Taschenspiegel hervor und beobachtet darin den Reifeprozeß auf seiner Nase, drückt mal prüfend dagegen, nein, noch nichts, aber dann – in Englisch – explodiert das Ding. Junge, Junge, was da alles herauskommt!

Karlchen hört gar nicht, wie er aufgerufen wird. So können Pickel einen durcheinanderbringen.

Manchmal hat er fünf Reifeprozesse auf einmal, die würden selbst einen hübschen Knaben entstellen.

Und die Leute schauen, als ob Träger derselben irgendwie quarantäneverdächtig wäre.

Karlchen leidet.

Karlchens Mutter sagt: »Deine Talgdrüsen produzieren zuviel Hautfett. Wir müssen die Akne von innen bekämpfen.«

Von innen bekämpfen heißt: Keine Süßigkeiten, keine gesalzenen Nüsse, keine Pommes frites und Krapfen, dafür Salate, Sauerkraut, Buttermilch, gekochten Fisch. Karlchen sagt, dann könne er ja gleich verhungern. Seine Mutter sagt, aber die Pickel auch.

Sagt Karlchen, dann könne er ja gleich mit seinen Pickeln zusammen verhungern.

Er trifft Max, der hatte es mit vierzehn auch ganz schlimm, aber eine prima Salbe dagegen, es muß noch was 'von da sein.

Karlchen geht gleich mit zu Max und holt sich den Rest Salbe. Schmiert sein ganzes Gesicht damit ein. Erinnert an Frankenstein mit dem graugelben Teint.

»Gottes willen«, sagt seine Mutter, »das kannst du doch nicht machen. Wie sollen denn deine Poren atmen, wenn sie verkleistert sind?«

Seine Poren sind Karlchen ziemlich schnuppe. Hauptsache, die Pickel trocknen aus. Und das tun sie wirklich. Kein Wunder bei einer kosmetisch so unberührten Haut. Auf der hat beinah jedes Mittel anfangs eine verblüffende Wirkung.

Karlchens Pickel schwinden. Sein Selbstbewußtsein geht wieder aufrecht. Wenigstens für ein paar Tage, dann steht er neu in Knospe.

Karlchen schmiert sich ein, die Pickel trocknen. Seine Mutter verlangt, daß er ein Dampfbad nimmt wegen der Poren.

Karlchen schwitzt unterm Frottiertuch über brodelndem Kochtopf und schimpft dumpf in die Küche.

Er kriegt keine Luft, aua heiß, Mensch, wie lange soll er noch, soll er vielleicht ersticken, ja? Dann nützt es den Scheißporen auch nicht mehr, wenn sie sauber sind.

Zu einem zweiten Dampfbad kann ihn niemand mehr überreden. Lieber wäscht er sich gründlich mit Seife.

»Gottes willen«, sagt seine Mutter, »Seife reizt die Haut!«

»Du mich langsam auch«, stöhnt Karlchen.

Was muß sie sich pausenlos um seine Pickel kümmern! Die Mutter gibt ihm ihre eigene Reinigungsmilch und ihr Gesichtswasser, nimmt es ihm allerdings bald wieder fort. Ist ja nichts zu machen. Der Knabe verbraucht in vier Tagen mehr als sie in einem Monat.

Womit soll Karlchen jetzt seine Scheißporen reinigen, bitte schön? Wo sie ihm alles wegnimmt? Ein Glück, daß er Mark trifft. Mark weiß immer Rat. Mark sagt, als er die Pickelwirtschaft so schlimm am Rücken hatte, goß ihm seine Schwester immer Alkohol drüber. Alkohol reinigt und desinfiziert gleichzeitig.

»Was für Alkohol?« fragt Karlchen.

»Na, was wir gerade hatten«, sagt Mark, »reinen aus der Apotheke oder Gin oder Wodka.«

»Waren deine Pickel aber ganz schön besoffen, wie?« fragt Karlchen, und Mark sagt: »Na und, war ja bloß am Rücken.«

Karlchen findet weder reinen Alkohol noch Schnaps zu Haus, nur Wein und einen Magenbitter. Der stinkt und klebt ihm zu sehr auf der Haut. Warum trinken seine Eltern bloß Wein und keinen Klaren? Wein hat zu wenig Promille für Karlchens Unternehmen.

Also durchblättert er die Hausapotheke und den Kosmetikschrank überm Waschbecken. Findet Borwasser, Hustensaft, Mundwasser, Waschbenzin... soll er Benzin nehmen? Lieber nicht. Jacutin? Was dem Hund gegen seine Flöhe, müßte einem Jungen eigentlich gegen seine Pickel helfen... aber ob Alkohol drin ist?

Alkohol ist bestimmt in Parfüm.

Vier Flaschen hat seine Mutter, alles französische Gerüche, für so was ist nun Geld da, aber wenn er mal einen kleinen Wunsch hat...

Parfüm geht nicht. Stinkt er nachher wie ein Mädchen. Bleibt noch Körperöl, Haarfestiger, Trockenshampoo, Schaumbad, Nagellackentferner.

Nagellackentferner. Da ist bestimmt Alkohol drin, glaubt Karlchen, gießt eine Portion auf einen Wattebausch und säubert damit gründlich sein Gesicht. Nach drei Tagen ist die Flasche leer.

Geht Karlchen zu seiner Mutter und sagt: »Wir brauchen neuen Nagellackentferner.«

Sagt sie: »Wieso wir?«

Sagt Karlchen, wozu er ihn braucht.

Da schreit die Mutter ihr Gottes willen und will in Ohnmacht fallen. Fällt dann aber doch nicht, sondern eilt zur Apotheke, um sich endlich einen fachmännischen Rat in Pickelbekämpfung zu holen.

Wir mischen uns nie ein

Um drei Uhr geht Phips auf die Straße zum Spielen.

Um drei Uhr dreißig stürzt er heulend die Treppe herauf, an seiner Mutter vorbei in sein Zimmer. Schaut sich dort wild um.

Ergreift dann ein Mensch-ärgere-dich-nicht-Spiel und schmeißt es zum Fenster hinaus.

So ein Jähzorn ist ja was Arges. Phips jäht und zornt ein Dutzend grüner Panzer und zwei Flugzeuge und viele Indianer zu Fuß und zu Pferde aus dem Fenster – alles Eigentum der Gebrüder Hase, seiner Freunde, mit denen er zeitweilig in Gütergemeinschaft lebt.

Als Phips mit einem selbstfahrenden Kipplader in Wurfstellung geht, fällt ihm seine Mutter in den Arm. »Phips, bist zu wahnsinnig?«

»Laß mich in Ruh'!« brüllt er sie an und rennt ins Klo. Tür zu. Riegel vor. Sinnlos, an der Klinke zu rütteln oder seinen Jähzorn durch Knipsen am Außenschalter in Finsternis zu tauchen – er macht ja doch nicht auf.

Er tritt nach dem Klodeckel und schluchzt: »Ihr Arschlöcher! Ihr gemeinen Hunde –« womit er die Gebrüder Hase meint.

Aber weshalb er mit ihnen im Krieg ist, erzählt er nicht. Phips petzt nie.

Phips' Vater kommt heim und fragt, was los ist. Phips' Mutter weiß es auch nicht. Aber es muß was ziemlich Schlimmes vorgefallen sein.

Phip's Vater sagt: »Pack schlägt sich, Pack verträgt sich. Misch dich da bloß nicht ein. Das ist das Dümmste, was du machen kannst.«

Damit ist der Fall für ihn erledigt.

Am nächsten Morgen klemmt ein Stück Pappe unter der Wohnungstür mit folgendem handgemaltem Text:

> Das rausgeschmisene Spielzeuch wirst
> du büsen!!!!
> Deine von dir gemachten Feinde
> P. und F. Hase

Darunter haben sie noch ein Kreuz gemalt und »Ruhe samft« versprochen.

Aus dem mehrmaligen Verbessern des Wortes ›sanft‹ geht hervor, daß sie sich nicht ganz sicher waren, ob es nun ›samft‹ oder ›sanpft‹ geschrieben wird.

Phips steckt sich vorsichtshalber einen Pfefferstreuer in die Hosentasche, bevor er in die Schule radelt. Man kann ja nicht wissen!

Aber seine Feinde kommen erst am Nachmittag, als Phips' Mutter beim Zahnarzt ist.

Sie klingeln dreimal kurz wie Phips' Mutter, und Phips öffnet arglos. Als er sieht, wer draußen steht, will er die Tür wieder zuschmeißen, aber da klemmt schon einer von den vier Füßen der Gebrüder Hase dazwischen. Phips bleibt in seiner Not nichts anderes übrig, er schreit nach dem Familienhund.

Als Phips' Mutter vom Zahnarzt heimkommt, läutet das Telefon. Die Mutter der Gebrüder Hase ist am Apparat. Sie sagt, sie mische sich aus Prinzip nicht in die Streitereien ihrer Kinder ein, aber das sei ja nun wohl zuviel. Phips' Mutter spürt, wie sich plötzlich ihr Gluckengefieder plustert. Das liegt an Frau Hases angriffslustigem Gluckengezeter.

»Was ist denn los?«

»Na hören Sie mal! Meine Söhne kommen vorhin ganz friedlich zu ihrem Phips, um ihren Kipplader abzuholen, da hetzt er doch diesen verdammten Köter auf sie.«

Köter ist ein verdammt hartes Wort im Zusammenhang mit dem Familienhund.

»Jetzt ist Paulchens Hose zerrissen! Ich verlange eine neue Hose!«

»Regen Sie sich nicht auf«, regt sich Phips' Mutter auf. »Der Hund ist ja versichert.« Und hängt wütend ein. Während sie durch alle Akten ihres Mannes nach den Versicherungsverträgen kramt, schimpft sie vor sich hin.

»Wahrscheinlich ist es bloß ein kleines Loch oder ein Triangel in einer alten Hose. Wir kennen ja Paulchens Hosen. Das Knie immer durch und unten ausgefranst. Jetzt denkt sich die Person, sie kommt auf diese Art zu einer neuen Hose für Paulchen...«

»Mach bloß keinen Stunk!« bittet Phips' Vater. »Ich will keinen Krach mit den Hases. Am besten, ich regele die Angelegenheit mit Herrn Hase. Männer handeln in solchen Sachen vernünftiger und sachlicher. Frauen gehen immer gleich wie die Kampfhennen aufeinander los, wenn man ihren Bübchen zu nahe tritt.«

Phips' Vater und Gebrüder Hases Vater verabreden sich also per Telefon zu einem Bier im neutralen Wirtshaus. Sie tun das mit liebenswürdiger Gelassenheit, die ihren zuhörenden Frauen imponieren soll.

Das Bier ist für acht Uhr abends vorgesehen. Bereits um acht Uhr siebenunddreißig kommt Phips' Vater heim und jäht und zornt: »So ein Kerl. So ein mieser Zeitgenosse. Weißt du, was der gesagt hat? Unser Phips wär ein ganz rabiater, gemeingefährlicher Charakter. In dem steckt Gewalttätiges, hat er gesagt. Wer anderer Kinder Hab und Gut aus dem Fenster schmeißt und Bestien auf sie hetzt, der hebt auch mal die Hand gegen seine eigenen Eltern. Der endet mal schlimm, hat er gesagt. Ja, was sollte Phips denn machen, wenn ihm die zwei auf die Bude rücken? Was hätten die denn mit ihm gemacht, wenn der Hund nicht eingegriffen hätte? Soll ich dir mal sagen, was die aus ihm gemacht hätten, ja? Mus hätten die aus Phips gemacht. Denk doch bloß an die Pappe mit dem Kreuz und »Ruhe sampft«! Das sagt doch alles! Im Grunde können wir heilfroh sein, wenn der Phips nicht mehr mit diesem Pack verkehrt. In den Hasebrüdern steckt doch was ganz was Schlimmes! In denen steckt ihr Vater!«

Nun grüßen sich Phipsens und die Eltern der Gebrüder Hase nicht mehr.

Drei Tage nach dem furchtbaren Krieg, dessen Anlaß kein Erwachsener kennt, sind die Kinder wieder ein Herz und ein gemeinsamer dummer Gedanke. Sie gehen zwar noch nicht wieder zum andern nach Hause, aber sie spielen zusammen auf der Straße, und der Familienhund spielt mit.

Phips sagt, die Hasebrüder wären zuerst gekommen und hätten sich entschuldigt. Die Hasebrüder sagen, Phips wäre zuerst gekommen. Auf alle Fälle ist alles wieder gut zwischen ihnen. Nicht so zwischen ihren Eltern.

Die sind sich noch nie so oft auf der Straße begegnet wie jetzt, wo sie sich nicht mehr grüßen.

»Yes«, sagt Karlchen

Wenn Stadtkinder in den Ferien an die frische Luft reisen, sollten Frische-Luft-Kinder in den Ferien auch mal in eine Großstadt fahren, meinte Karlchens Vater, sonst kriegten sie keinen vernünftigen Kontakt zur Umweltverschmutzung und zum Verkehr, und überhaupt wäre es an der Zeit, daß Karlchens fremdsprachliche Schulausbildung einmal an Ort und Stelle praktisch untermauert werde.

Deshalb flogen Vater und Sohn für drei Tage nach London. Es gab da ein preisgünstiges Reiseangebot. An einem Sonntag abend ging es los.

Im Flugzeug war außer ihnen noch ein Kegelverein, der war bereits besoffen, als sie in London landeten. Im Zubringerbus nach London schlief der Verein ein. Einmal wachte ein Kegelbruder auf und guckte raus und fragte: »Ist das schon Frankfurter Ring?«

Karlchen übersetzte, was er dazu dachte, ins Englische und sagte zu seinem Vater: »That makes the whisky.« Das war ein Fehler, denn sein Vater sagte darauf: »Okay, von now on we speak only English.«

Weil er aber seit seinen Schwarzmarktgeschäften damals mit den Amis keine Übung mehr in englischer Konversation gehabt hatte, beschränkte er seine Kommentare auf »Look« und »Big city« und »wonderful«, als sie durch London fuhren.

Von Karlchen nach zweieinhalb Schuljahren Englisch verlangte er natürlich mehr. Karlchen sollte dem Boy in der Hotelhalle sagen, daß er ihr Gepäck auf Zimmer 322 bringen möge, please. Karlchen bewegte diese Zumutung in seinem übermüdeten Kopf und meinte schließlich, wozu, die zwei Reisetaschen könnten sie doch selber tragen. Sparten sie das Trinkgeld.

Sein Vater sagte: »Du willst dich bloß vorm Englischen drücken«, womit er recht hatte.

Karlchen sagte zum Boy »Please« und hielt ihm den Zimmerschlüssel vor die Nase.

Auf der gemeinsamen Fahrt zum vierten Stock konnte Karlchens Vater sein Ferienitalienisch auffrischen, denn der Hotelboy war vor zwei Wochen aus Neapel eingereist und ebenso hilflos im angelsächsischen Umgangssprachgut wie Vater und Sohn. Das Zimmermädchen am nächsten Morgen war Jugoslawin. Hatte Karlchen wieder Schwein.

Nun griffen beide London an. Das war schon sehr riesig und

unerbittlich rasch; bei aller höflichen Gelassenheit so ohne Rücksicht auf zugereiste oberbayrische Kreisstädter.

Karlchen war in echter Sorge, von London verschluckt zu werden, und hatte nichts anderes im Auge als den verbissen durchs Gewimmel stürmenden Sonntagsanzugrücken seines Vaters. Nun renn doch nicht so!

Aber langsamer ging es wirklich nicht, wenn man nur zweieinhalb Tage zur Verfügung hatte. Karlchen sollte schließlich London kennenlernen. Sein Schulenglisch auswerten. Weltstadt atmen. Nach zwei Stationen mit der U-Bahn war es Karlchen bereits so schlecht von der dünnen Weltstadtuntergrundluft, daß sie vorzeitig aussteigen und mit einem Taxi zu Madame Tussauds Wachsfigurenkabinett fahren mußten.

Karlchen gefiel es dort gut, auch im angrenzenden Planetarium. Seiner Meinung nach war das genug Bildung für einen Tag, aber da hatte er sich geirrt.

Die Bildung riß überhaupt nicht mehr ab, solange sie in London waren. Eine Sightseeing-tour jagte die andere, einmal sprach ihr Guide gebrochenes Deutsch-dänisch und einmal mit holländischem Akzent.

Tower, Hafen, Westminster, Abbey, Bankenviertel, Trafalgar Square und eine irre Hetze mit Milzstechen zum Buckingham Palace, um rechtzeitig die Wachablösung mitzuerleben, übrigens ein reichlich umständlicher Vorgang mit Marschmusik, von dem Karlchen, in eine sudanesische Reisegruppe eingeklemmt, nur ein paar schrille Kommandos und Töne mitkriegte. Gesehen hat er nichts. Sein Vater war groß, der sah mehr, und dabei fiel ihm von ganz allein was typisch Britisches ein. Er sagte: »Merry old England.«

Karlchen, tief unten im Sudanesischen, sagte lustlos: »Yes.«

Da wurde der Vater ärgerlich.

»Wozu laß ich dich Englisch lernen, wenn du bloß immer yes sagst?«

Da sagte Karlchen: »Buckingham Palace is the London home of the Sovereign and the Royal Standard is flown above it when she is in residence.«

Sein Vater hatte ihm ebenso beeindruckt wie nichts begreifend zugehört. Jetzt sagte er: »Na bitte, du kannst doch, wenn du willst. Du mußt nur deine Hemmungen verlieren.«

»Yes.«

Wenn Karlchen einen auswendig gelernten Text aus seinem Englischbuch herunterleierte, hatte er auch keine Hemmungen. Wenn er aber freihändig parlieren sollte, war es aus.

Zum Beispiel im Restaurant.

Fünfmal waren sie in London warm essen, und alle fünfmal bestellte Karlchen »Steak and Coca, please«. Weil ihm diese Bestellung am wenigsten Schwierigkeiten bereitete – sprachlich nicht, wohl aber hinterher beim Essen. Denn der Ober fragte ihn immer, wie er sein Steak haben wolle, was Karlchen hilflos grinsend mit »Yes« beantwortete.

Danach war sein Steak entweder ein blutiges Stück Rindfleisch oder eine zähe, düstere Schuhsohle.

Karlchens Vater sagte: »Es ist geradezu erschütternd, wie wenig Übung du in der Umgangssprache hast. Darum nutze die Zeit, wo wir hier sind. Mach die Ohren auf. Hör zu, Bub, du mußt zuhören.«

Karlchen klappte folgsam die Ohren auf und hörte Japanisches, Schwedisches, Französisches, Rheinisches, Texanisches, Spanisches, Hebräisches, er hörte alle Sprachen der Welt und ihre Dialekte, nur selten Englisch.

London ist zwar die drittgrößte Stadt der Welt mit achteinhalb Millionen Einwohnern, davon in der Mehrzahl Engländer. Aber da, wo Karlchen und sein Vater aus Bildungsgründen herumflitzten, trafen sie hauptsächlich auf ausländische Touristen.

Am zweiten Abend ihrer Visite stand London-bei-Nacht auf dem Programm.

Karlchen sagte zu seinem Vater: »Schau's dir an. Ich lauf' bestimmt nicht fort, ich geh' ins Bett.«

Er ging ins Bett und sah fern, denn sie hatten TV im Hotelzimmer. Er sah ein Ehedrama. Das war zwar langweilig, aber die Betroffenen sprachen ganz langsam ihren Dialog, weil sie so traurig waren. Karlchen verstand zwar nicht den Grund, weshalb sie sich trennen wollten, wohl aber ihre kurzen Sätze zwischen Seufzern. Darüber schlief er selbstzufrieden ein.

Am nächsten Morgen, kurz vor der Abreise, spazierten sie noch einmal durch den Hyde Park. Da gab es viele Hunde.

»Doggy«, sagte Karlchen zu einem mit einer Stimme, in der die Sehnsucht nach seinem Zamperl in der oberbayrischen Kreisstadt mitschwang.

Der Hund wedelte mit dem gesamten Hinterteil, ehe er davonlief.

Na bitte. Konversation mit Einheimischen war gar nicht so schwer.

Die Kegelbrüder flogen mit derselben Maschine nach München zurück. Diesmal verhielten sie sich sehr ruhig. Sie hatten den Whisky nicht mehr im Blut wie auf dem Herflug, sondern in einer Plastiktüte aus dem Duty-free-shop zwischen ihren Füßen oder auf dem Nebensitz. Bei der Zollkontrolle in München-Riem riß einem Kegelbruder die Tüte und kollerte aus.

»May I help you, Sir?« fragte Karlchen und half ihm beim Aufsammeln von Flaschen und Bonbons. Der schaute vielleicht blöd.

Karlchens Vater auch.

»Kaum sind wir wieder daheim, sprichst du fließend englisch«, sagte er vorwurfsvoll.

»Hab ich?« sagte Karlchen. »Hab ich gar nicht gemerkt.«

Ein Kind um 1900

Eines Wintersonntagsnachmittags kam Philip in mein Zimmer, begutachtete die hochalpinen Bücher- und Zeitschriftengebirge überall und meinte: »Mir sagst du pausenlos, ich soll aufräumen, aber bei dir findet nun wirklich kein Aas mehr durch.«

»So respektlos redest du mit deiner Mutter«, sagte ich, dabei sei Widerspruch und Kritik an den verehrten Eltern in unserem Hause streng verpönt.

Philip sah mich an, als ob ich einen Schuß hätte. Hatte ich aber nicht. Ich war nur von einem Buch inspiriert, das ich beim Kramen gefunden und in dem ich mich festgelesen hatte wie in einem Krimi.

Sein Titel: »Das richtige Benehmen in der Familie.«

»Setz dich und hör mir zu: Kinder haben dem Winke der Augen zu gehorchen. Ein Befehl der Eltern oder sonstiger Respektsperson muß ohne Widerspruch erfüllt werden, bloß weil er gegeben ist. Nur keine großen Disputationen mit Kindern: der Vater, die Mutter *will* – und das Kind *muß*, so ist es guter Ton. – Es zeugt nicht von feiner Lebensart, an dieser Stelle zu feixen, Philip. – Der Höflichkeit nahe verwandt ist die Dienstfertigkeit, Krone des Zartgefühls und echter Gradmesser des guten Tones. Lehre dein Kind, gern und freudig sein eigenes Vergnügen dem anderen nachzustellen, gewöhne es früh an kleine Opfer, so wirst du den Hauptgegner des Zartgefühls und der Dienstfertigkeit, die Selbstsucht, langsam und sicher bis auf das kleinste Maß herabdrücken. Denke aber nicht, daß nur die Mädchen zur Selbstverleugnung da sind, sondern präge sie deinem Knaben noch viel sicherer ein. Hast du dein Kind zu Gehorsam, zur Höflichkeit und Dienstfähigkeit gewöhnt, so zerstöre durch überflüssiges Loben nicht seinen schönsten Schmuck: die Bescheidenheit.«

»Nicht mal loben«, sagte Philip, tief beeindruckt, »nicht mal das!«

»Kinder dürfen nicht merken, daß sie beachtet werden. Kinder gehören auch nicht ins Besuchszimmer, denn ihre Gegenwart wirkt für die meisten Erwachsenen störend. Nur auf Wunsch des Gastes dürfen sie ans Tageslicht kommen, um sobald wie möglich wieder zu verschwinden.«

»Wie die Maulwürfe, Mensch«, sagte Philip.

Aber nun wurde es wieder lustiger in meinem Benimmbuch.

Wir kamen zum Kapitel Mahlzeiten.

»Die Haltung der Kinder bei Tische sei stramm. Anlehnen, Aufstützen, Kippen mit dem Stuhle, Baumeln mit den Beinen, Klappern mit den Tischgeräten sind Dinge, die sich mit dem guten Tone nicht vertragen, ebenso wie das vorlaute Sprechen ohne Aufforderung zu demselben. – Beim Essen selbst halte man darauf, daß alles recht zierlich und appetitlich zugeht. Eintauchen des Gebäcks in das Getränk ist nur den überzähligen Hausgenossen...«

»Überzählige Hausgenossen?«

»... zu denen die alten, zahnlosen Großeltern zählen, gestattet, niemals den Kindern. Abbeißen macht einen unschönen Eindruck, auch sehen die zurückbleibenden Spuren der Zähne nicht gerade appetitlich aus.«

»Das ist doch 'n Witz, Mensch«, sagte Philip.

»Das ist guter Ton, mein Sohn«, sagte ich und kam abschließend zum Kapitel »Fern der Heimat«. Da stand unter Reisen: »Wer sich dreist mit Kindern ins Weltgetümmel wagt, ist am sichersten im Damenkupee aufgehoben. Doch raten wir, nur wohlerzogene Kinder auf Reisen mitzunehmen, um die Mitreisenden und sich selbst keinem unerträglichen Martyrium auszusetzen.«

»Ja, warum haben die denn ihre Kinder nicht gleich ausgerottet? Was waren das überhaupt für Leute?« fragte Philip.

»Deine Vorfahren, sofern sie von feiner Lebensart waren und sich nach diesem Benimmbuch richteten.«

»Und von wann stammt das?«

»Aus dem Jahre 1904.«

»Und die Kinder damals? Die müssen bei so viel Unterdrückung doch 'n Dings gekriegt haben, 'nen Dachschaden«, überlegte Philip. »Haben die sich überhaupt was getraut?«

»Viel mehr als ihr. Ihr müßt euch ja nichts trauen, ihr dürft ja. Über ihnen schwebte ständig der Rohrstock.«

»Rohrstock?« Nicht einmal der war ihm mehr ein Begriff.

Philip ging. Aber ehe er abzog, bekam ich einen Kuß – wohl aus Dankbarkeit darüber, daß ich ihn erst im Jahre 1959 geboren hatte.

Ich habe beschlossen, ihm öfter aus diesem schlauen Benimmbuch vorzulesen, damit er mitkriegt, wie gut er es heute hat.

Schau, ich schenk dir auch was!

Wochenlang vorm Fest studiert er die Schaufensterauslagen, auch solche, die ihn sonst gar nicht interessieren. Steht gehetzten Erwachsenen im Wege – Vorweihnachten macht sie ja immer so nervös und ungeduldig mit Kindern – steht da und überlegt, war er seinen Eltern schenken soll. Was wünschen sie sich?

Na schön, einen braven Knaben, einen, der freiwillig aufräumt. Bessere Zeugnisse. All solch mühseliges Zeug, das sich selten über längere Zeit verwirklichen läßt und trotzdem noch ein richtiges Geschenk erfordert.

Der Junge möchte am Heiligen Abend nicht mit einem Mund voll unsicherer Versprechungen und leeren Händen dastehen.

Er besitzt fünfzehn Mark und siebenundvierzig Pfennig. Das ist für seine Verhältnisse ein halber Reichtum. Aber angesichts der teuren Preise spürt er Inflation in der Hosentasche. Was soll er bloß kaufen? Worüber freuen sich seine Eltern wirklich? Sag doch mal!!

Voriges Jahr hat er leere Flaschen mit bunten Glassteinen beklebt. Sie wurden genausowenig benutzt wie die Bieruntersetzer vom Vorjahr. Sein Mobile aus Strohhalmen und Glanzpapier – eine Idee der Klassenlehrerin – liegt irgendwo im Schrank herum oder längst im Mülleimer. Sie haben es zu Haus nicht einmal aufgehängt, dabei hat es so viel Mühe gemacht.

Sie haben auch nie die gerahmte Buntstiftzeichnung von seiner Katze aufgehängt. Na schön, die Katze war nicht besonders gelungen, vor allem hinten nicht, aber man konnte sie an den schwarzen Flecken erkennen. Und der Rahmen dazu hat über zehn Mark gekostet.

Sie haben ›oh, vielen Dank, wie nett von dir‹ gesagt, das Bild fortgelegt und nicht mehr angeschaut.

Aber wenn sie ihm etwas schenken, erwarten sie eine riesige Freude und Dankbarkeit. Sie nehmen ihre Geschenke an ihn sehr wichtig.

Warum nicht auch das, was er ihnen schenkt?

Diesmal stellt er nichts mehr selber für sie her, diesmal kauft er nur noch etwas. Aber was?

Und so steht er in Kaufhäusern ungeduldigen Erwachsenen im Wege und überlegt und rechnet und zaudert und wird schließlich sein handwarmes Kleingeld an einer Kasse abzählen für ein Geschenk, von dem er hofft, daß seine Eltern sich diesmal wenigstens ein bißchen freuen werden...

Das Kind braucht einen Namen

Brigitte Sedlhuber erwartet ein Baby. Jeden Tag kann's losgehen.

Bevor sie in die Klinik muß, hat sie uns, ihre Freunde, noch einmal eingeladen. Zu Gulasch und Apfelstrudel. Wir sind noch beim Gulasch, als Gustl fragt: »Wißt ihr denn nun endlich, wie es heißen soll?«

»Ja«, sagt Toni, der hochschwangere Vater, »wir dachten an Angela.« Er schaut sich beifallheischend um. Wir gucken stumm zurück. Er sagt: »Warum guckt ihr so? Angela ist ein schöner Name.«

»Naja«, sagt Maria, »aber ich kannte mal eine, die hatte Warzen an den Händen. Seither denke ich bei Angela immer an Warzen.«

»Wir hatten auch ein Mädchen mit Warzen in der Klasse«, sagt Chris, »aber die hieß Elisabeth.«

»Nennt das Kind bloß nicht Elisabeth«, sagt Gustl, denn er ist einmal mit einer befreundet gewesen, die ihm anonyme Gemeinheiten schrieb, als es aus war.

»Was haltet ihr von Manuela?«

»Du spinnst«, sagt Toni. »Da können wir unser Kind ja gleich Soraya nennen. Unser Kind braucht einen blonden Namen. Aber nichts Nordisches, das paßt nicht zu Sedlhuber.«

»Was paßt denn zu Sedlhuber?«

»Angela«, sagt die baldige Mutter.

»Was ist mit Marie Therese oder Caroline?« frage ich.

»Oder mit Verena?« fragt Chris.

»Verena klingt nach Arztroman«, sagt Toni.

»Dann nennt sie doch nach euren Müttern«, sage ich. »Die heißen Elfriede und Gertrud«, sagt Brigitte. »Gottes willen«, sagt Gustl, »ich hab bei einer Elfriede Hertlein in Untermiete gewohnt.« Und nun erzählt er, wie schlimm es ihm da ergangen ist.

Bei Untermiete fällt mir eine Berliner Zimmerwirtin ein: Frau Papke. Die schwärmte fürs gehobene Britische und nannte ihre Tochter Lady Astor. Lady Astor Papke. Das arme Kind. Brigitte holt den Strudel aus dem Ofen. Ein sagenhafter Apfelstrudel, an dem sich alle den Mund verbrennen. Warum nennt man eigentlich kein Kind nach so was Schönem? Strudel Sedlhuber klingt doch lustig.

Brigitte schaut uns leidend an. Sie kann nicht mehr sitzen. Wir sagen, wir gehen ja gleich, wir trinken bloß noch aus. Wir trinken aus, und Gustl holt eine neue Flasche, er weiß ja, wo sie stehen.

»Was haltet ihr von Petra oder Katharina?« fragt Maria.

»So heißen sämtliche Töchter in unserm Bekanntenkreis«, lehnt Toni ab.

Was immer wir den Sedlhubers anbieten – ob Claudia, Anette, Charlotte, Marie, Constanze, Natalie, Ariane – sie lehnen ab. Sie machen es ihren Freunden nicht leicht, einen Namen für ihr Kind zu finden.

Brigitte stöhnt. Sie weiß nun wirklich nicht mehr, wie sie sitzen soll.

»Dann geh schlafen, Mütterchen«, sagen wir. »Du mußt dich schonen. Sonst kommt das Kind, bevor wir einen Namen gefunden haben.«

»Wir haben ja einen«, sagt Brigitte.

»Was für einen?«

»Angela.«

»Mei, seid ihr stur«, sagt Gustl.

»Mir gefällt Stephanie gut«, sagt Maria.

Stephanie finden alle anwesenden Freunde hübsch. Gustl, hattest du eine unangenehme Freundin, die so hieß? Gustl hatte nicht. Auch keine Wirtin. Also heißt das Kind Stephanie.

»Nein«, sagt Toni, »schließlich ist es nicht euer, sondern unser Kind. Und das heißt Angela.«

»Aber Franziska, was ist damit?« fragt Chris.

»Franziska hieß die Familienpension meiner Tante, da mußten wir jedes Jahr hin«, wehrt Brigitte ab.

»Und Manon?« fragt Maria.

Bei Manon denkt Gustl sofort an ein unanständiges Lied.

Jetzt fällt dem werdenden Vater selbst noch ein schöner Name ein.

»Sag mal, Toni!«

»Olga.«

Wir schweigen kurzfristig unter der Wucht des Namens Olga.

Dann Gustl: »Meine Oma hatte mal einen Mops ...« »Schweig«, unterbricht ihn Toni und spricht klangprüfend vor sich hin: »Olga Angela Sedlhuber ...«

Also mich persönlich stört daran vor allem das Sedlhuber.

»Ich kannte mal eine bildschöne Gloria«, fällt Chris ein.

Gloria? Wenn schon Gloria, dann gleich Bavaria. Bavaria Sedlhuber.

Von jetzt ab sind wir bloß noch albern. Wir lesen unsere Namen rückwärts. Sedlhuber heißt Rebuhldes. Mein umgedrehter Vorname Arabrab erinnert die Anwesenden an die Ölkrise.

Die Uhr schlägt zwölf. Brigitte stöhnt. Toni geht ins Nebenzimmer.

Wir denken, er holt neuen Wein, aber er holt bloß Taxis per Telefon für uns. Was soll das heißen? Etwa ein Rausschmiß? Ist das der Dank für all unsere Mühe, die Sedlhubers daran zu hindern, ihre Tochter so zu nennen, wie sie gerne möchten?

Und was ist, wenn es ein Junge wird? Wir haben ja noch gar keinen Namen für einen Jungen . . .

»Besten Dank«, sagt Toni und schiebt uns zur Haustür hinaus. »Der Bub heißt Benedikt. Basta.«

Mit Benedikt sind wir rausgeschmissenen Freunde sofort einverstanden.

»Ihr vielleicht«, sagt Toni, »aber gegen den Namen meutert nun wieder unsere Familie.«

»Und das laßt ihr euch gefallen«, sagt Gustl empört. »Schließlich ist es doch euer Kind – oder?«

Wozu eine Mutter gut ist

Nachfolgende Liste wurde unter angestrengter Mitarbeit einer Vierzehnjährigen, eines Elfjährigen und einer Fünfjährigen zusammengestellt.

Wozu eine Mutter gut ist.

1. Zum Unterschreiben verpatzter Klassenarbeiten, von denen der Vater besser nichts erfährt.
2. Zum Trösten.
3. Als Testperson dafür, was menschliche Nerven auszuhalten vermögen.
4. Zum Herausziehen von Splittern.
5. Zum Streiten.
6. Zum stundenlangen Vorlesen bei Windpocken, damit es nicht so juckt.
7. Zum Versorgen unserer Haustiere, die nur unter der Bedingung, daß wir für sie selber sorgen, angeschafft werden durften.
8. Zum ständigen Erinnern an das, was wir ohne ihr Erinnern glatt vergessen würden.
9. Zum Vokabelabhören.
10. Zum Ausmeckern, wenn es unbedingt erforderlich ist.
11. Zum Anstoßen beim Schaukeln.
12. Zum Pusten – als wir noch klein waren und uns den Finger klemmten.
13. Zum Rückenschrubben.
14. Zum Schmusen.
15. Zum Ausbügeln von Eselsohren in Klassenheften.
16. Zum Aufklären, weil es dem Vater peinlich ist.
17. Zum Schwindeln am Telefon, wenn wir nicht da sein wollen.
18. Zum Ausbrüten neuer Geschwister.
19. Zum Schlichten von Familienstreitigkeiten.
20. Zum Beichten.
21. Zum Einsparen dessen, was die übrige Familie verplempert hat.
22. Zum Kofferpacken.
23. Zum Schreiben von Entschuldigungszetteln.
24. Zum Flicken unserer Hosen.
25. Zum Liebhaben, wenn alle anderen mit uns böse sind.

26. Zum Anpumpen.
27. Zum Aufräumen unserer herumliegenden Klamotten.
28. Als Krankenschwester.
29. Als zuverlässiger Wecker.
30. Zum Aufheitern (per Telefon) bei Heimweh, wenn wir mal woanders sind, wo es uns nicht so gut gefällt.
31. Zum Kopfwaschen.
32. Zum Totschlagen von Wespen, Spinnen und anderem Ungeziefer, vor dem wir uns fürchten.
33. Zum Händchenhalten beim Arzt.
34. Zum Blitzableiten.
35. Zum geduldigen Zuhören bei Liebeskummer – auch wenn wir ihr zum 14. Mal dieselbe Geschichte vorjammern.
36. Zum Abwimmeln von Freunden, mit denen es aus ist.
37. Zum Verwöhnen.
38. Zum Nähen von Puppenkleidern.
39. Zum Entfernen unserer Kaugummis von Tischkanten, Sessellehnen, Teppichen und Bettgestellen.
40. Zum Blödsinn machen.
41. Zum Ausborgen ihres Fahrrades, ihrer Kosmetika, ihrer Ketten, Strümpfe, Schießgummis, Scheren, Briefmarken... davon das meiste auf Nimmerwiedersehen.
42. Zum Piesacken.
43. Zum Bewundern ihrer Kinder, wenn es sonst niemand tut...

... und noch zu vielem anderen mehr. Es fällt uns im Augenblick bloß nichts mehr ein.

Auf alle Fälle ist eine Mutter vielseitig verwendbar, und es ist ziemlich riskant, nur eine zu haben, denn wenn sie mal ausfällt, kann man die Familie zumachen.

Intermezzo

Ein Mann geht langsam über den Marktplatz der Stadt. An der einen Hand hält er eine junge Frau, in der anderen einen heiter schlenkernden Koffer.

Sie gehen an hölzernen Verkaufsständen vorüber, auf denen Narzissen blühen, Tulpen, Anemonen, Stiefmütterchen mit Ballen, Weißkohl, Möhren und Petersilie.

»Kauf mir Blümchen«, sagt die Frau. »irgendwas Kleines, Handliches.«

Sie einigen sich auf Vergißmeinnicht.

Koffer, Mann, Frau und Blumenstrauß gehen Hand in Hand um den Marktplatz in der Sonne, den Blick auf die ehrwürdigen Hausfassaden gerichtet, die ihn umzäunen.

Es sind mehrere Hotels dabei, das macht die Auswahl schwierig.

»Wie wär's mit diesem?«

»Da steigt mein Onkel Albert immer ab«, sagt die Frau.

»Heute auch?«

»Heute nicht.«

Sie gehen Hand in Hand hinein.

Der Mann verlangt ein Doppelzimmer mit Bad und trägt sich im Meldeblock ein. Die Frau steht daneben, die Nase im Sträußchen.

»Was bist du eigentlich für eine geborene?« fragt er beim Schreiben.

Die junge Frau stutzt erst und kichert dann: »Schuster.« Er schreibt es hin.

Das alte Fräulein in der Rezeption behält den Schlüssel in der Hand, den sie vom Bord genommen hatte, und erkundigt sich ebenso höflich wie skeptisch: »Darf ich die Herrschaften fragen, ob Sie verheiratet sind?«

Die beiden sehen sich an.

»Sind wir verheiratet? Überleg mal, Schätzchen!«

»Ich habe dich gleich gewarnt«, sagt Schätzchen, »ich habe dir gesagt, in diesem Hotel pflegt mein Onkel Albert abzusteigen, und der pflegt nur dort, wo auch ein Bischof pflegt ... vielleicht gehen wir doch lieber ein Haus weiter. Das ist moderner, auch in seinen Ansichten.«

»Vielen Dank für Ihre Mühe, gnädige Frau«, sagt der Mann zu dem alten Fräulein, »aber wir haben es uns anders überlegt.«

Er nimmt in die eine Hand den Koffer und an die andere die junge

Frau und tritt mit ihnen auf den Marktplatz zurück.

»Schade«, sagt sie bedauernd, »es war so ein schönes, altmodisches Hotel.«

Im nächsten geht alles so glatt und selbstverständlich ab, daß es gar keinen Spaß macht.

Ein Boy erhält ihren Zimmerschlüssel, nimmt ihren Koffer auf, erwartet ein schweres Gepäckstück und gerät ob seiner unverhofften Leichtigkeit beinah aus dem Gleichgewicht.

Die Frau kichert schon wieder.

Dann sind sie endlich im Zimmer 17 allein und sehen sich an und wissen nicht recht.

»Ich habe mal irgendwo gelesen, was man in dieser Situation als erstes tut«, sagt die Frau.

»Na und? Was tut man?«

»Ich fände das etwas überstürzt«, sagt sie und geht ins Bad, um ihre Vergißmeinnicht in einem Zahnputzglas unterzubringen.

Das Glas stellt sie auf ihren Nachttisch.

Er hockt auf einer Stuhllehne und schaut ihr zu.

»Und jetzt?«

»Jetzt mache ich mich erst mal frisch.« Sie klappt den Koffer auf. Er enthält eine Tasche mit ihren Kosmetika und einen Morgenrock.

Den Morgenrock hängt sie auf einen Bügel.

»Machst du dich nicht frisch?« fragt sie dabei.

»Warum?«

»Weil man sich frisch macht, wenn man in ein Hotel kommt. Hat dir das deine Mutter nicht beigebracht?«

»Was ist das für ein Morgenrock? Ist der neu?« Der Mann hebt staunend einen Ärmel hoch. »Sag bloß, den hast du für diesen Ausflug angeschafft.«

»Lach nicht«, sagt sie und ist zum erstenmal verlegen.

»Ich lach ja gar nicht«, lacht der Mann.

Während sie ins Bad geht, stellt er das Radio an – überall Nachrichten – stellt wieder aus. Er will heut keine hören. Interessiert sich für den Blick aus dem Fenster. Hinterhöfe, Küchenduft und Töpfeklappern. Über den Dachgiebeln der Turm des Münsters. Zehn vor zwei. Und über allem ziehende, weiße Wolken.

»Ich hab die Seife vergessen, warum vergesse ich bloß immer die Seife«, sagt die Frau aus dem Bad kommend und schaut ihn an. »Gehn wir welche kaufen?«

»Und danach?«

»Irgend 'ne Kleinigkeit essen und was trinken. Und dann schauen wir uns die Stadt an, ja? Es soll hier viele Sehenswürdigkeiten geben. Gehen wir in den Dom und ins Heimatmuseum, ich war noch nie dort.«

»Ich geh nicht mit dir ins Heimatmuseum. Du bist mir zu albern dafür. Ich geh mit dir was trinken«, sagt der Mann.

Die Frau hat schon so lange nicht mehr am frühen Nachmittag einen Rausch gehabt. Wann sollte sie auch bei ihrem überfüllten Alltag!? Aber es ist ganz schön. Ehrlich. Macht sie bißchen glücklich, so Hand in Hand nicht ganz nüchtern durch die Altstadt zu trödeln.

»Hast du gar keine Angst, daß wir deinen Mann treffen könnten?« fragt er einmal.

»I was. Der ist in Stuttgart. Beruflich.«

»Und wo bist du?«

»Bei meiner Schwester in Wasserburg.«

»Weiß deine Schwester das?«

»Ja. Sie würde immer für mich lügen. Sie kann meinen Mann nicht leiden.«

»Zimtziege«, sagt er.

Sie schauen sich Schaufensterpuppen an, Koffer, Schuhe, Gemüseauslagen, verbringen eine halbe Stunde blätternd in einer Buchhandlung, probieren in einem Geschäft ein Kleid an, ohne es zu kaufen, wandern weiter durch die Straßen.

Vor einer engbrüstigen Barockfassade, auf deren Giebeln die Abendsonne leuchtet: »War das Haus schon immer hier? Ja? Warum haben wir es dann nie gesehen?«

Sie kaufen sich Eistüten und flüchten vor einer Bekannten in eine Toreinfahrt.

Ein Innenhof voll Stille und schwingenden Schwalben. »Das ist wirklich eine schöne Stadt. Hast du das gewußt?«

Die junge Frau fragt einen Polizisten nach der Wilhelminenstraße.

»Was willst du in der Wilhelminenstraße?« fragt der Mann.

»Da hatte ich mal einen Liebhaber. Das war vielleicht ein Liebhaber. Jetzt ist er verheiratet. Ich glaube, es war Nummer 9.«

Sie stehen Hand in Hand vor der Wilhelminenstraße 9. »Das Haus müßte dringend renoviert werden«, sagt der Mann.

»Aber der Garten ist schön«, sagt sie.

Solche Gärten mit Laube, Rosenrondell, Jasminhecken und Obstbaumwiesen trägt man heute kaum noch.

Dichte Fliederhecken decken den Blick zur Straße ab, aber weil ihre Blätter noch klein sind, kann man durch sie hindurch den mißhandelten Rasen sehen, auf dem sich zwei Knaben um einen Fußball prügeln.

Ein kleines Mädchen schaukelt zwischen Bäumen. Ein Hund buddelt im Tulpenbeet.

Vom Haus gellt eine entnervte Frauenstimme: »Werdet ihr euch wohl nicht hauen – wie oft soll ich noch sagen – aufhören! sag ich – sofort hört ihr auf – na wartet! Das erzähl ich alles euren Eltern! – Raus aus den Tulpen, verdammter Köter! Bibi, nicht so hoch schaukeln? – *Könnt ihr denn nicht hören?*«

»Wenn das meine Kinder wären«, kichert die Frau am Zaun.

»Glaubst du, sie gehören alle deinem ehemaligen Liebhaber, ja? Armer Kerl«, sagt der Mann, sein Mitleid klingt aufrichtig.

»Und erst die arme Frau von meinem ehemaligen Liebhaber«, sagt sie.

»Und ihre armen Nachbarn«, sagt er. »Die machen auch was mit durch.«

Sie schauen durch den Flieder auf die prügelnden Knaben.

Der kleinere hat sich den Fußball erkämpft, der größere hält sich den Kopf und läuft heulend ins Haus.

»O weh«, sagt die Frau am Zaun.

»Mal ganz objektiv«, sagt der Mann, »möchtest du hier wohnen?«

Sie überlegt objektiv und subjektiv und kommt zu der Entscheidung: »Heute abend nicht.«

Und so gehen sie weiter.

Der letzte Mensch, der die beiden an diesem Tage zu sehen bekommt, ist der Zimmerkellner im Hotel.

Er serviert ihnen um neun Uhr ein paar Sandwiches und Wein. Und ein Überkinger.

Der Zimmerkellner kommt gar nicht auf die Idee, daß es sich bei den beiden nicht um ein Ehepaar handeln könnte, denn sie hat ein Rätselheft vor sich auf der Bettdecke, und der Mann hat eine Zeitung vor der Nase. Und das Trinkgeld ist nicht übertrieben.

Nachdem er gegangen ist, räkelt sich die Frau in ihrem Bett und seufzt: »Haben wir's gut, du? Haben wir es nicht wundervoll? Und niemand ahnt, wo wir sind...«

Als der Mann am nächsten Morgen aufwacht, treiben sich Sonnenstrahlen auf dem Laken herum.

Die Frau an seiner Seite ist schon eine Weile mit Wachsein beschäftigt. Sie lächelt ihm ein bißchen zu.

Eine rundum zufriedene, junge, besinnlich gestimmte Frau.

Er bringt seinen Kopf an ihrer Brust unter. Gähnt.

»Weißt du«, sagt sie, »es läßt ja mit den Jahren nach – das ist ganz natürlich.«

»Hm.«

»Aber es muß nicht – ich meine, es läßt nach, aber plötzlich ist es wieder sehr schön. Heute nacht . . .«, er greift über sie hinweg. »Was willst du denn?«

»Das Überkinger auf deinem Nachttisch.«

»Kannst du doch sagen.« Sie reicht es ihm herüber. Der Mann trinkt Abgestandenes, Lauwarmes gleich aus der Flasche.

Ein paar Tropfen fallen auf ihre Haut.

Er schaut sie an. »Ja, Mädchen. Das war ein gelungener Ausflug. Wie spät ist es eigentlich?«

»Das Münster hat vorhin neunmal geschlagen«, sagt sie und fühlt sich ruckartig alleingelassen.

»Neun?« Er ist mit einem Satz im Bad. »Das darf nicht wahr sein.«

»Ich fürchte doch. Ein Münster irrt sich selten.« Die Frau räkelt sich in die Bettücher zurück. Möchte nie mehr aufstehen . . .

Und steht auf.

Jetzt geht alles sehr schnell. Duschen, Anziehen. Zurechtmachen.

Der Mann hat um zehn Uhr eine wichtige Besprechung. Die Frau packt ihre Kosmetika ein, nimmt die Vergißmeinnicht aus dem Zahnputzglas. Vergißt den neuen, unbenutzten Morgenrock im Schrank.

Der Mann bezahlt die Rechnung und bestellt ein Taxi. »Wilhelminenstraße 9«, sagt er beim Einsteigen.

Sie fahren schweigend durch die Stadt. Ist das noch dieselbe Stadt wie gestern nachmittag?

Auch sie hat wieder ihr Alltagsgesicht. Der Mann nimmt die Hand seiner Frau. Es ist sehr viel Bedauern in ihnen. Ein Gefühl wie Abschied. Sie halten vor der Wilhelminenstraße 9.

»Kommst du noch mit rein, oder mußt du gleich weiter?«

»Ich brauche ein sauberes Hemd«, sagt er und steigt mit aus.

Die Buben sind in der Schule, das kleine Mädchen im Kindergarten. Der Hund fällt bellend über sie her.

In der Tür steht die Freundin der Frau, Alarm in der Mimik.

»Da seid ihr ja endlich! Wie war's in Stuttgart? Und in Wasserburg?«

»Das Wetter war gut«, sagen beide.

»Hier auch. Aber die Kinder –! Ich hab's mir leichter vorgestellt. Christian hat so eine Beule am Kopf – Bibi wollte mittags nicht schlafen – Beppo hat mit dem Fußball die Meißner Vase im Wohnzimmer – und der Hund die Tulpen.« Sie holt erschöpft Luft und wendet sich an die Frau: »Wie hältst du das bloß durch?«

»Alles Gewöhnungssache.«

»Also ich könnte mich nie...«

Der Mann und die Frau gehen ins Schlafzimmer. Während er sich rasiert, legt sie ihm ein frisches Hemd heraus.

Schaut zu, wie er sich hastig umzieht.

Ein flüchtiger Kuß.

»Bis heute abend. Es wird später werden – ich denke, so gegen halb acht, acht. Servus...«

An der Tür schaut er sich noch einmal nach ihr um und kommt zurück. »Wir sollten viel öfter fremdgehen. Jeden Monat einmal...es war so schön.«

»Ja«, sagt sie, »o ja... aber die Kinder. Du hast es ja eben selbst gehört. Wer hütet schon öfter als einmal bei uns ein?«

Die Frau steht noch einen Augenblick nachdenklich da. Dann trägt sie ihren Vergißmeinnichtstrauß ins Wohnzimmer, um ihn zwischen zwei Buchdeckeln zu pressen.

Die Vergißmeinnicht würden zwar eine Vase vorziehen, aber der Frau ist nach Pressen zumute.

Wann hat sie zum letzten Mal Blumen gepreßt? Das ist aber schon lange her. Damals war sie sechzehn...

Heute ist sie seit neun Jahren verheiratet, und dieser offizielle Ausflug in ein hiesiges Hotel war der erste »Urlaub« ohne Kinder seit Jahren. War aber schön. War geradezu lebenswichtig für ihre Ehe.

Das Telefon klingelt.

Die Frau greift irgendein Buch aus dem Regal, legt die Blumen hinein und klemmt das Buch in seine Reihe zurück.

Während die Vergißmeinnicht beginnen, Brehms Tierleben zu lesen, läuft die Frau zum Telefon und redet mit einer Verwandten, die sich die Krampfadern veröden lassen will.

Danach geht sie in die Küche hinunter. Findet dort ein Chaos vor.

Kaum einen Tag war sie fort, und schon schaut's hier aus wie bei Sodom und Gomorrahs.

Es stört sie nicht besonders, denn sie ist innerlich so voll neu erwachter Zärtlichkeit ...

... welche sich jedoch im Laufe des Abwaschens merkbar abbaut.

Warum kauft ihr der Mann, mit dem sie seit neun Jahren verheiratet ist, nicht endlich eine Spülmaschine??

Tom Sawyer und Huckleberry Finn
leben immer noch

Wenn man es mal ganz nüchtern betrachtet, so gehen sie eigentlich nur wegen der Ferien in die Schule. Aber wenn sie nicht verreisen, dann wissen sie nach zwei Wochen Ferien nicht mehr, was sie miteinander noch spielen sollen.

So war es im vergangenen Sommer. Saßen sie zu sechst herum und ödeten sich gegenseitig an.

Zu Hause konnten sie sich schlecht sehen lassen, denn da hatten wir genügend Beschäftigungen für sie.

Also sind sie in den Segelklub hinunter. Da lag ein altes Badefloß herum, das durften sie haben.

Aber keinen Krach machen, hört ihr? Sonst fliegt ihr raus. Also saßen sie nach dem Schwimmen leise auf dem Floß und ödeten sich wieder an, bis Andi sagte:

»Ich weiß, wo's alte Bretter gibt.«

Also haben sie die Bretter organisiert und aus ihnen eine Hütte auf das Floß gebaut, und schon hatten sie Ärger mit den Erwachsenen. Denen ging ihre Hämmerei auf den Wecker. Und ihre Eltern schimpften, weil sie jeden Tag etwas anderes in ihrer Wirtschaft vermißten. Nicht nur ihr Handwerkszeug und sämtliche Nägel, sondern auch Laken zum Abdichten der Hüttenwände, damit es nicht so durch die Ritzen zog, Sofakissen, einen Tütekessel, Kochtöpfe, Scharniere, einen Teppich wegen der Nässe von unten, Bestecke, Geschirr und Petroleumlampen. (Die allerdings klauten sie von einer Baustelle.)

Den größten Stunk machten Tonis Eltern, als sie eines Morgens die Dachpappe auf ihrer Garage vermißten. Nach fünf arbeitsamen Tagen war die Hütte fertig, bißchen schief zwar in der Konstruktion, aber sehr gemütlich. Die Knaben ließen sie zu Wasser. Da schwamm sie nun vorm Hafen herum, kein schöner Anblick, an sich ein Schandfleck, die Knaben sahen das selber ein und erwarteten, daß sie umgehend von den Erwachsenen vertrieben werden würden. Aber im Gegenteil. Auf einmal waren sie Lieblinge. Wußten gar nicht, wie sie so einen Haufen unverhoffter Sympathie für ihr windschiefes Floßhaus verkraften sollten. Bekannte und sogar wildfremde Erwachsene gaben ihnen plötzlich herzhaft die Hand und fragten, ob sie mal reingucken dürften.

Die Knaben ruderten sie hinaus, die Erwachsenen krochen hinein und kamen ganz verklärt und ungern wieder heraus: Nein! Nein so was Schönes, Romantisches! Davon hätten sie immer als Jungen geträumt! (Sogar die Weiber!)

Als immer mehr kamen, die sie zum Floß herüberrudern mußten, kassierten seine Besitzer Eintritt und kauften sich von dem Geld einen Spirituskocher und Vorhängeschlösser.

Auch ihre Eltern kamen und feierten Wiedersehen mit all den Sachen, die sie zu Hause vermißten, aber sie schimpften nicht mehr. Nur Philips Mutter nahm ihr Tafelsilber wieder mit.

Nico übernahm die Küche. Er konnte zwar nichts anderes als Tütensuppen und Spiegelei herstellen, aber seine Floßpartner fraßen es, bis es ihnen aus den Ohren herauskam.

Das Hausboot sprach sich auf dem See herum. Nachts kamen Liebespärchen angeschwommen und wollten darin nisten.

Da mußten die Knaben Schilder malen: Betreten verboten! Die Besitzer! Ausnahmen müssen begründet werden! (Notfall.)

Und die Schwäne und Bleßhühner kamen auch und schissen die Planken voll.

Nun übernachteten die Knaben selbst auf ihrem Floß, immer zu zweit mit einem Hund als Alarmsirene. Das war schön. Die Nächte im Schlafsack, das Schaukeln und Wasserglucksen.

Gegen Morgen machten sie die Luken auf und schauten auf den unberührten See und unterhielten sich und kraulten dabei den Hund, der zwischen ihnen lag.

Das war wirklich schön.

Im Juli fand das Starnberger Seefest statt mit großem Feuerwerk und Prämiierung des originellst geschmückten Bootes.

Einen Tag lang wienerten unsere Hausbesitzer ihr Eigenheim von außen und innen und garnierten es mit einem Schilfdach und vielen Lampions. Man lieh ihnen einen Außenbordmotor.

Um sieben Uhr abends tuckerten sie los Richtung Strandcafé, um dort als windschiefe Mickerigkeit zwischen lauter großen, raffiniert geschmückten Booten unterzugehen, nicht wörtlich – aber optisch.

Wer waren sie denn schon – kleine Buben zwischen elf und dreizehn, die mit ihrem Selbstgemachten aufgebrochen waren, um an der Konkurrenz der Erwachsenen teilzunehmen. Aller Größenwahn rutschte ihnen in die Hose.

Sie harrten trotzdem bis zur nächtlichen Preisverteilung aus, wann bot sich ihnen sonst die Chance, grenzenlos aufbleiben zu dürfen!?

82

Und dann dachten sie, es laust sie ein Affe, als durch den Lautsprecher ihr Floß den ersten Preis erhielt. Den ersten, Mensch, hast du gehört?

Eine Abordnung von zwei Buben stolperte auf die Tanzfläche des Strandcafés, auf der die Preisverteilung stattfand.

Sie nahmen einen Blechpokal mit Eingravierung und eine Zweiliterflasche Sekt entgegen. (Der erste Preis war eigentlich ein Fäßchen Rum, aber wer rechnet denn damit, daß Kinder den ersten machen werden!?)

So gegen Mitternacht hat ein Motorboot sie heimgezogen. Ein schnittiges Motorboot, an dem ein kleines Seeräuberfloß hing, das so aussah, als ob es von dem Mann erfunden wurde, der am meisten von realen Jugendträumen verstand: Mark Twain.

Innendrin hockten unsere übernächtigten, preisgekrönten Knaben und tranken reihum zwei Liter warmen Sekt aus.

Danach sind sie ganz stumm nach Hause und in einem durch und mit allen Klamotten ans ins Bett, welches sehr geschaukelt haben soll.

Nun war ihre Floßhütte berühmt.

Es kamen Fotografen von einem Journal für modernen Wohnbau und von der Zeitschrift »Eltern«. Und Zeitungsreporter.

Alle mußten tüchtig blechen, ehe sie knipsen durften. Solch ein Geriß um ihr ›Hausboot‹, wie die Besitzer es nannten und auf dem sie überhaupt kein Privatleben mehr hatten. Das lag am Ruhm.

Aber sie verdienten einen Haufen Geld, soviel, daß sie die windschiefe, morsche, ständig feuchte Hütte einreißen und dafür ein neues, stabiles, größeres Haus auf das Floß bauen konnten. Wasserdicht von oben und unten. Mit Komfort innen und Platz für vier zum Schlafen. Ein echtes Traumhaus.

Sie waren sehr stolz darauf.

Aber auf einmal hatten sie wieder nichts als Ärger mit den Erwachsenen.

Die nahmen ihnen diesen ›häßlichen, nüchternen Kasten‹ persönlich übel, und ein alter Herr weinte beinah: »Ach, Jungs, warum habt ihr das getan? Warum habt ihr meinen Jugendtraum zerstört!«

Nostalgie, gell?

Aber die Erwachsenen hatten ja auch nie dringelegen, von unten feucht, von oben Regen und die eine Hauswand bei starkem Wind im Kochtopf drin.

Jetzt waren die Knaben böse mit den Erwachsenen, weil sie ihnen die Freude an ihrem neuen, stabilen Hausboot verdorben hatten.

Dabei, was taten *die* denn, wenn sie zu Geld kamen? Dann rissen sie auch das romantische Morsche ein und bauten dafür moderne Kästen, die als plumpe Ausrufungszeichen die Landschaft zerstörten.

Unsere Knaben verloren die Lust an ihrem Eigenheim und sind gar nicht mehr runter an den See, höchstens zum Baden.

Bis zum Ende der Ferien haben sie wieder Fußball gespielt.

Aber manchmal erinnerten sie sich schon an die frühen Morgen auf dem See – wenn die Sonne überm Ostufer aufging und die Nebel sich auflösten und es langsam warm wurde auf ihrem Floß und sie lange, halblaute Gespräche führten, während sie den Hund kraulten, der zwischen ihnen lag.

Das ist wirklich schön gewesen.

Seine Hosentaschen

Um es gleich vorwegzusagen: Knabenhosentaschen sind – räumlich gesehen – nicht mehr das, was sie zu Opas Jugendzeiten waren.

In den damaligen, auf Zuwachs gekauften oder ererbten, von Trägern gehaltenen Schlotterbuxen hatten sie das Ausmaß eines Semmelbeutels. Es ging ein komplettes Handwerkszeug in sie hinein, etwa ein Kilo Äpfel oder ein zahmes Kaninchen. Es ließ sich sperriges Gemaustes darin verbergen und die Verlegenheit der Hände – bis zum Ellbogen.

Suchte der Knabe in diesen Hosentaschen etwas, so mußte sein halber Arm in sie hineintauchen, die Finger forschten blind kurz überm Knie – was für ein Unternehmen voll abenteuerlicher Unergründlichkeit!

Die Jeanstaschen unserer Zeit sind zwar geräumig, bloß kriegt man nicht halb soviel in sie hinein. Das liegt am prallen Sitz der dazugehörigen Hose.

Dafür sind Jeans Viereinhalb-Taschen-Hosen. Die halbe ist fürs Kleingeld. Aus den zwei Gesäßtaschen verliert man gern die Monatskarte. Aber das Portemonnaie läßt sich so lässig-drohend aus ihnen ziehen wie ein Colt. Außerdem haben sie noch die traditionellen Beuteltaschen vorn, in die man die Hände flach hineinschieben kann bis auf die Daumen. Der Daumen hakelt außen dran.

Solche Hand-in-Jeanshosentaschen-Haltung verleiht dem Erscheinungsbild des heutigen Knaben eine aggressive Note. Die hatte der Jüngling in den Schlotterbuxen nicht. Aber dafür hat sich das Innenleben heutiger Jeanstaschen im Vergleich zu den Semmelbeuteln von anno Opa sehr entromantisiert. Auch birgt es nicht mehr diese Vielseitigkeit.

Dennoch ist es einer Mutter gelungen, im Laufe der Jahre folgendes Potpourri aus ihnen herauszuräumen: Knallfrösche, 1 Socke, 1 gläserne Brille, 1 scheintoten Regenwurm, Doppelstecker, nassen Sand, Karabinerhaken, 100 Bonbonpapiere, Kaugummis – gebraucht und ungebraucht, Juckpulver, ein halbes Vogelei, sehr viel Draht, Kabelenden, Schnüre, natürlich Taschenmesser, Kneifzangen, nicht abgegebene Lottozettel, Pistolenmunition, angebissene Bockwurst, 1 orthopädische Schuheinlage, Spickzettel, 1 Stinkbombe, das Halsband vom toten Hund, Liebesbrief (zerknittert), 1 weibliche Haarspange, herrenlose Schlüssel, Fahrkarten.

Was sie im Laufe der Jahre immer wieder in seinen Taschen fand, das waren Löcher.

Was sie im Laufe der Jahre noch nie darin gefunden hat: 1 Taschentuch.

Warum Anna sich bereits im Juni vorm nächsten Winter grault

An jedem Dezembermorgen zieht Anna ihr Julchen an.

Zu Julchen gehören:

1 Höschen
1 Hemd
1 Bluse
1 Strumpfhose
1 Pulli
Jeans
Hausschuhe.

Es dauert etwa zehn bis zwölf Minuten, bis Julchen komplett ist, d. h. wenn alles glatt geht.

Es geht aber selten glatt, weil Julchen plötzlich die roten Strumpfhosen nicht mehr leiden kann. Es möchte auch keine Jeans anziehen, sondern einen Rock.

Julchen möchte aber nicht Julchens Rock anziehen, sondern Christines Rock. Der ist schöner, findet Julchen.

Christine brüllt, sie gibt ihren Rock nicht her. Das ist ihr Rock. Julchen hat selber einen. Anna reißt die Geduld. Sie zieht dem zappelnden Julchen weder einen Rock noch Jeans an, sondern ein Hängerkleid.

Julchen haut vor Wut in den Kakao und muß umgezogen werden.

Christine ist ein Jahr älter als Julchen und kann sich schon ein bißchen selbst anziehen, aber es dauert lange. Und dann stimmen die Knöpfe nicht, die Nähte sind gern außen, und das, was vorne sein soll, nicht vorn.

Anna korrigiert an Chrisines Werk herum wie an einem Schuldiktat.

Christinchen geht nach draußen, spielen. Sie soll eine Mütze aufsetzen. Christinchen haßt die Mütze und sagt, sie kratzt. Anna sagt: »Wenn du deine Mütze nicht aufsetzt, darfst du nicht raus.« Christinchen setzt murrend die Mütze auf und läßt sie so lange auf dem Kopf, wie Anna sie vom Küchenfenster aus sehen kann. Dann nicht mehr. Christinchens Kopf gewöhnt sich daran, daß er im geschützten, warmen Hausflur bedeckt ist und dort, wo der Eiswind um die Ecken pfeift, nicht.

Anna geht einholen und nimmt Julchen mit. Zu diesem Zweck zieht sie

1 gefütterten Overall
1 Mütze
Handschuhe
warme Stiefel
1 Schal

auf Julchen. Sobald dasselbe rundum eingepuppt ist, fällt ihm ein, daß es auf den Topf muß.

Anna packt Julchen also wieder aus. Und zehn Minuten später wieder ein. Dann gehen sie endlich los. Wenn sie vom Einholen heimkommen, muß sie Julchen die Stiefel, den Schal, die Mütze, die Handschuhe und den Overall wieder ausziehen und eine Schürze anziehen, denn nun gibt es gleich Mittagessen. Nach dem Essen pellt Anna den Rest von Textilien, der noch auf Julchen drauf ist, von Julchen runter und zieht den Schlafanzug an, denn jeder tägliche Vorgang hat nun mal sein eigenes Kostüm und den damit verbundenen Umstand.

Wenn Julchen ausgeschlafen hat, steht Anna mit ca. ein Dutzend Kleidungsstücken vor Julchens Bett und quält ihm den ganzen, scheinbar notwendigen Krempel Stück für Stück wieder an, denn jetzt wird spazierengegangen. Julchen ist ja gutmütig, aber was zuviel ist, ist Julchen eben zuviel. Es kommt der Moment, wo es in den Textilstreik tritt.

Es schreit und zappelt und wehrt sich, stößt Anna vor den Bauch, meints ja nicht so, hat bloß genug von dieser pausenlosen An- und Auszieherei. Dabei ist erst früher Nachmittag. Bis zum Schlafengehen stehen ihm noch mehrere solche Prozeduren bevor.

Anna kämpft mit Julchen und denkt voll Sehnsucht an heiße Sommertage, an denen sie ihm nicht mehr anzuziehen braucht als

1 Höschen.

Oder gar nichts. Und wenn sie fortgehen, noch ein Ringelhemd und Sandalen. Macht drei Kleidungsstücke für den ganzen Tag. Macht den Tag so unkompliziert ... Ist es ein Wunder, wenn Anna bereits im Juni Angst vorm nächsten Winter hat?

Krank

3. 11.

Heute kam Philip aus der Schule und sagte: »Mir ist mies. Ich glaub',
ich hab' was.«

Ich glaubte auch, daß er etwas hatte, was ihm auf dem Magen lag.
»Schreibt ihr morgen eine Arbeit?«

»Ja, Englisch«, sagte er.

»Aha.«

»Mir ist wirklich mies«, sagte er.

Ich glaubte ihm noch immer nicht.

Daß er sein Mittagessen ablehnte, konnte an den Möhren liegen.

Daß er abends aber nicht fernsehen wollte, sondern um halb sieben
freiwillig ins Bett ging, gab mir ernsthaft zu denken.

Ich holte das Fieberthermometer. Er hatte 39,4.

»Marsch ins Bett«, sagte ich, obgleich er schon drin war, aber es
gehört nun mal zum folgerichtigen Ablauf einer Kinderkrankheit in
unserem Hause: erst Mißtrauen, dann Fiebermessen, dann marsch ins
Bett.

Und da liegt er nun. Zusammengerollt, bis über die Ohren kariert
zugedeckt. Heiße Stirn. Beängstigend schweigsam. Tut dir was weh,
Junge?

Im Hals. Und husten muß er.

Wir haben noch die teuren Medikamente von der letzten Grippe.
Fläschchen, Tuben und Pillengläser drängen sich in der Hausapotheke. Macht man ihre Tür auf, kollern sie einem entgegen. Auf keiner
Arznei steht drauf, wofür sie gut ist. Das stand auf ihrem Begleitzettel,
den wir mit der Verpackung fortgeworfen haben.

Nun stehen wir da.

4. 11.

In der Nacht hat Philip phantasiert. Wir sollten die Schwäne wegsper-
ren, denn jetzt käme er, der vierstrahlige Löwe.

Die Temperatur um sieben Uhr früh: 39,8.

Ich rufe den Kinderarzt an. Habe das Gefühl, ihn beim Rasieren zu
stören. Er verspricht, noch am Vormittag vorbeizukommen. Zur Zeit
wäre Masern- und Windpockensaison.

Es gibt mehrere Kinderärzte im Umkreis, aber im Grunde gibt es nur diesen einen älteren Herrn. Wenn er über die Straße eilt, schallt ihm von allen Seiten »Grüß Gott, Herr Doktor« entgegen. Erwachsene Männer, mehrfache Mütter, kleine Kinder, große Kinder, sie alle haben irgendwann einmal ihr A um des Doktors Löffel herumgewürgt.

Er ist rauh, herzlich und immer über Land. Er hat die Kinder gern, und die Kinder haben ihn gern.

Bei Philip stellt er eine Mandelentzündung und einen Infekt der oberen Luftwege fest. Verordnet Bettruhe. Schreibt Rezepte. Übermorgen kommt er wieder.

Philip schläft sofort weiter.

5. 11.

Philip schläft den ganzen Tag, zur Wand gedreht. Ein Büschel heller Haare zwischen dem Buntkarierten – mehr ist von ihm nicht zu sehen.

Trotz der Medikamente will das Fieber nicht heruntergehen. Er ißt nichts, mag nur trinken.

Junge, iß doch was, du mußt essen, sonst wirst du zu schwach, iß wenigstens einen Löffel... nichts. Nur schlafen, schlafen.

7. 11.

Von Natur aus ist er mager wie ein Windhund. Kein Gramm Fett zum Zusetzen. Trotzdem hat er in wenigen Tagen vier Pfund abgenommen.

Ist das wirklich noch dasselbe Kind, dieser Lärmerzeuger, der mit 100 Sachen und seinem verrückten Hund durch die Wohnung fegte, daß die Teppiche flogen und die Tassen im Schrank sich an sich selbst festhalten mußten?

Wenn bloß die Teppiche wieder fliegen würden!

Der Arzt sagt, wir müssen aufpassen, daß er keine Lungenentzündung bekommt. Die kann er in seinem augenblicklichen Zustand nicht verkraften.

8. 11.

Das Gesicht wird immer zarter, die Augen riesengroß und schwarzglänzend und so voll Sanftmut.

»Wie ein Engelchen«, sagt seine Großmutter. Ich stauche sie zusammen. Nun ist sie beleidigt.

Engelchen!

Wenn ihm wirklich was passiert?

Der Kinderarzt war zwar mittags da, aber nun ist das Fieber schon wieder so hoch. Er beruhigt mich am Telefon. Aber wenn er sich nun irrt?

Engelchen!!

In der Nacht mache ich kein Auge zu.

9. 11.

Philip hat ruhig geschlafen, kaum gehustet.

Seine Temperatur: 37,5.

Zum Frühstück wünscht er sich Obstsalat. Der erste Wunsch seit sieben Tagen. Ich soll ihm vorlesen. Darüber schläft er ein.

Schläft ganz schnell in die Gesundheit zurück.

Was möchtest du denn zu Mittag? Rührei und ein bißchen Kartoffelbrei?

Er schaut uns an, als ob wir spinnen. Rührei! Rahmschnitzel will er mit Pommes frites und viel Soße. Und Pudding.

Ich eile beflügelten Schrittes zum Metzger, seine Großmutter ins Spielwarengeschäft, denn er möchte basteln. Sein Vater kauft ihm vor Erleichterung gleich einen ganzen Karton Gummibären.

10. 11.

Philip erholt sich überwältigend rasch. Hat pausenlos Hunger! Wann gibt's denn endlich was? Was Herzhaftes, was Süßes, was zum Basteln, was Lesbares.

Philip langweilt sich. Sein Hund kriegt das zu spüren und verläßt, hörbar murrend, die Krankenstube.

Philip schreit herum. Unsere tagelange, unendliche Fürsorge hat ihn verwöhnt. Er begreift nicht, daß diese sich im gleichen Maße vermindert, wie seine gesunde Frechheit zunimmt.

Körperlich ist er zwar noch reichlich mickrig, doch sein Unternehmungsgeist hat sich bestürzend erholt.

11. 11.

Ist diese Nervensäge das gleiche Kind, von dem seine Großmutter noch vor wenigen Tagen behauptete, er sähe aus wie ein Engelchen?

Bin ich noch dieselbe aufopfernd sorgende, bezaubernde Mutter?

Der Arzt hat gesagt, vor Montag darf er nicht vor die Tür. Heute ist Samstag.

Junge, du darfst nicht hinunter, der Doktor hat es verboten. Dein Vater bringt mich um, wenn ich dich hinunterlasse.

Hör auf zu quengeln. Du bleibst oben. Basta.

Also schön, aber setz die warme Skimütze auf und rase nicht, hörst du? Halt den Mund. Versprich mir das, *hörst du???*

Und nur eine halbe Stunde!

Wenn das dein Vater wüßte!

14. 11.

Heute ist Philip zum erstenmal wieder in der Schule. Endlich sind wir diese Nervensäge los und genießen die herrliche Stille.

Geschwister
Betrachtungen einer kleiner Schwester

1. Großer Bruder.

Ein großer Bruder ist was Schönes. Er hat immer Streichhölzer. Und manchmal hat er die Pflicht, auf kleine Schwester aufzupassen.

Er schenkt ihr Gummibärchen und Lutscher, wenn sie ihm verspricht, brav zu sein, ohne daß er auf sie aufpassen muß.

Er läßt sie vor sich auf dem Fahrrad sitzen und macht ihr Spielzeug heil.

Er kann auch Kartenkunststücke.

Wenn böse Buben kleine Schwester an den Haaren ziepen oder mit Dreck beschmeißen, braucht sie bloß mit ihrem großen Bruder zu drohen. Großer Bruder rächt kleine Schwester immer, dafür prügelt er sich viel zu gern.

Kleine Schwester von großem Bruder hat's gut.

2. Kleiner Bruder.

Kleiner Bruder hat bloß Blödsinn im Kopf. Er piesackt kleine Schwester und will ihr nicht parieren.

Wenn er was anstellt, sagt er hinterher, kleine Schwester sei es gewesen.

Er lauert ihr im Dunkeln auf und jagt sie mit Fröschen. Und immer diese alberne Schießerei.

Kleiner Bruder ist ständig pleite, aber kleine Schwester pumpt ihm nichts mehr. Kriegt sie ja doch nicht wieder. Wenn's aber drauf ankommt, halten beide zusammen, z. B. gegen große Schwester.

3. Große Schwester.

Große Schwester erlaubt kleiner Schwester aber auch gar nichts.

Sie haut immer gleich und tut so, als ob ihr das Telefon allein gehört.

Sie kommt sich wer weiß wie wichtig vor.

Sie gibt mit ihrem bißchen Busen an.

Sie läßt kleine Schwester nie zuhören, wenn es interessant wird. Mit ihren Freundinnen kichert sie albern und hat wichtige Geheimnisse. Jungen natürlich.

Sie versucht, kleine Schwester herumzukommandieren und verlangt ständig Botendienste von ihr.

Außerdem muß kleine Schwester ihre ollen Kleider auftragen.

Das waren großer Bruder, kleiner Bruder, große Schwester. Fehlt noch kleine Schwester.
Kleine Schwester habe ich nicht. Gott sei Dank.
Kleine Schwester ist was Furchtbares.
Die brüllt sofort, wenn ihr die Großen was verbieten. Sie petzt und lügt.
Wenn man sie um einen Gefallen bittet, wird sie frech. Sie klaut großer Schwester ihr Parfüm und ihre Schokolade und ihre Halsketten und das gute Briefpapier und Scheren und überhaupt alles, was sie gerade haben möchte.
Sie stört große Schwester ständig, wenn sie mit ihrem Freund telefoniert, und wenn er kommt, geht sie ihnen nicht von der Seite.
Kleine Schwester kommandiert kleinen Bruder herum. Kleine Schwester ist was Schlimmes. Darum will ich keine haben. Ich weiß Bescheid.
Schließlich bin ich selber eine.

Der Umzug
Aus dem Tagebuch einer Mutter

5 Uhr früh. Ich kann nicht schlafen. Meine Gedanken halten mich wach und die lebhaften Träume meiner Tochter auf der Matratze neben mir. Mein Sohn schläft auf einer Gartenliege zwischen leeren Regalen, der Hund in einem Waschkorb auf dem Tisch. Meines Mannes Ruhestätte ist nur sichtbar, wenn man auf die Bücherkisten steigt. Ich steige auf die Kisten und leuchte ihn an. Das macht ihn wach. »Was ist denn«, fragt er.

»Ich kann nicht schlafen«, sag' ich.

»Und darum weckst du mich«, sagt er.

»Wenn ich bloß wüßte, wo der Schrankschlüssel ist«, sag' ich, und er: »Laß' mich in Ruh!«

5 Uhr 25. Endlich bin ich eingeschlafen, da macht es Bums. Mein Mann ist im Dunkeln über einen aufgerollten Teppich gestolpert. Aber daran bin bloß ich schuld! Was hab' ich ihn geweckt und an den Schrankschlüssel erinnert! Jetzt ist ihm ein Vorderzahn locker.

6 Uhr 15. Ich rüttele an den schlafenden Kindern herum. Aufstehen!! Sohn schreit, aus turbulenten Umzugsträumen erwachend: »Mein Dreirad! Sie haben mein Dreirad vergessen!«

Tochter schluchzt in die Kissen. Sie will plötzlich nicht mehr fortziehen. Sie will hierbleiben. Hier hat sie all ihre Freundinnen. Hier war's doch so schön! Aber dann mußt du in die Schule gehen, sag' ich, nur wer zieht, hat schulfrei. Nun kommt sie doch mit uns.

Mein Blick fällt zufällig auf das leere Aquarium. Ich frage, wo sind denn die Zierfischchen? Im Koffer, sagt mein Sohn. In welchem, frag' ich. In einem, sagt er. Aber die Hamster verpackst du nicht, sag' ich. Und mein Dreirad? fragt er. Keine Sorge, das kommt mit.

7 Uhr 10. Es läutet. Das werden die Möbelträger sein. Nein, das sind die Möbelträger noch nicht. Das ist der neue Mieter dieser Wohnung mit seiner Verwandtschaft, die ihm beim Renovieren hilft. Der hat's gut, was der spart! Der hat lauter tüchtige Handwerker in der Familie. Und was haben wir? Beamte mit Bandscheibenschaden.

7 Uhr 30. Der Möbelwagen fährt vor. Einzug der Gladiatoren. Um Himmels willen, Mann, schaff den Hund fort! Der hat's nicht gern, wenn man Sachen aus der Wohnung trägt. Bring ihn zum Hundefri-

seur. Sag denen, sie können sich mit ihm Zeit lassen. Wir brauchen ihn erst abends wieder.

Am liebsten würde ich den Sohn auch weggeben, er läßt sich aber nicht. Er muß ja aufpassen, daß sein Dreirad mitkommt.

8 Uhr. Die Möbelträger fragen, ob wir Blei in unserem Schrank hätten. Den kriegen sie so leicht nicht weg. Ich sage, es tut uns leid, wir konnten ihn nicht ausräumen, der Schlüssel ist verschwunden. Ich frage Sohn: »Hast du den Schlüssel?«

Sohn sagt beleidigt: »Das hast du mich schon dreimal gefragt.«

Plötzlich sagt Tochter, sie weiß, wo der Schlüssel ist. – »Den hast du selbst in die Kommode gelegt, Mami.« – »In welche Kommode?« – »In die, die als erstes verladen worden ist.« Inzwischen ist der Wagen beinah voll.

8 Uhr 25. Sohn ist mit dem Möbelwagen gefahren, seine Hamster auf dem Schoß. Vater wartet im Auto auf Tochter und mich, die wir noch einmal durch die leere Wohnung gehen.

»Als wir hier einzogen, warst du vier«, sage ich. »Erinnerst du dich noch?«

»Ja«, sagt Tochter nachtragend, »und ein Jahr später kam der Hansi. Da hatte ich kein eigenes Zimmer mehr. Jetzt krieg' ich endlich wieder eins.«

10 Uhr. Die Möbelträger frühstücken Bier in der neuen Wohnung. Auf der Straße vor dem Möbelwagen steht das Gerümpel aus dem Keller, das zuletzt aufgeladen worden ist. Ziemlich schäbiges Gerümpel. Meine Tochter schämt sich sehr dafür. Sie versichert jedem Vorübergehenden: »Die guten Sachen sind noch im Wagen!«

11 Uhr. Die Möbelträger sind mit Handschlag geschieden (also war das Trinkgeld zufriedenstellend), die großen Möbel stehen. Jetzt packen wir die Kisten aus. Mein Mann findet in einer Tragetüte das abgeschnittene Telefon aus unserer alten Wohnung. Ja, sagt Sohn dann stolz, wenn *er* nicht aufgepaßt hätte! Wir hätten das doch glatt vergessen mitzunehmen.

12 Uhr 10. Unsere Tochter wollte unbedingt das rechte Kinderzimmer. Jetzt gefällt ihr auf einmal das linke besser. Sohn will aber das linke nicht mehr räumen, er hat schon sein Dreirad und das ganze Spielzeug drin. Wildes Geheule – für die Nachbarn eine Kostprobe von dem, was sie jetzt täglich erwartet.

18 Uhr. Ein Gefühl, als ob meine Füße zwei Nummern gewachsen wären. Und mein Kreuz! Mein armes Kreuz! Aber die Wohnung ist

beinah fertig. Mein Mann hängt gerade die Bilder auf. Da brüllt mein Sohn. Was ist denn nun schon wieder? Hat er sich auch den Hammer auf den Daumen –? Wieso Daumen, schreit Sohn, der Hund! Der wartet noch immer beim Friseur darauf, daß wir ihn abholen.

19 Uhr 40. Nun sind wir alle in neuer Pracht zum Abendbrot vereint – Eltern, Kinder, Hund, Möbel, Blattpflanzen und natürlich das Werbefernsehen. Mit Fanfarenklängen kündet es den fürstlichen Auftritt eines fettarmen Käses an – genau wie in der alten Wohnung. Die Kinder haben sie schon beinah vergessen.

20 Uhr 30. Sie liegen in ihren neuen frischbezogenen Betten in ihren neuen Zimmern – sehr stolz, sehr müde und auch ein bißchen bang. Ob sie wohl in der neuen Gegend Freunde finden werden – und den Lichtschalter, wenn sie heut' nacht mal 'rausmüssen!? Und wir möchten doch bitte die Türen auflassen. Nicht, daß sie Angst hätten, aber es ist doch alles noch so fremd ... Manche Kinder kennen kein Heimweh. Manche leiden bereits bei dem Gedanken, von daheim fort zu müssen. Es gibt viele Gründe für ...

Heimweh

Zum Beispiel:
  Wenn ein Kind – fern von zu Haus – mit allen verzankt ist.
  Wenn es müde ist oder verzagt.
  Wenn das Taschengeld alle ist.
  Wenn ein Brief von zu Hause kommt.
  Wenn kein Brief kommt.
  Wenn das Essen auswärts nicht schmeckt.
  Wenn es so allein ist.
  Wenn es sich in der Fremde schon furchtbar lange anständig
  benehmen mußte.
  Wenn es irgendwo wie daheim duftet.
  Wenn es seine Schuhbänder selber aufknoten muß.
  Wenn es nicht einschlafen kann,
  bei einer Prügelei den kürzeren zieht,
  sich unverstanden fühlt.
  Wenn es Zahnweh hat
  oder einen Knopf annähen muß und weiß nicht, wie.
  Wenn es eine Melodie hört, die an zu Hause erinnert.
  Wenn Weihnachten ist oder Geburtstag oder Ostern.
  Wenn das Selbstmitleid Wellen schlägt
  oder das schlechte Gewissen.
  Wenn die erste Amsel singt.
  Wenn die Mutter krank ist, und es kann nicht zu ihr reisen
  oder umgekehrt.
  Wenn es einem Hund begegnet, der so ausschaut wie sein Hund
  daheim.
  Wenn es Liebeskummer hat
  oder die letzte Bahn verpaßt.
  Wenn es sich nach Geborgenheit sehnt,
  mal wieder verwöhnt werden möchte;
  etwas sehr bereut.
  Wenn keiner mit ihm tanzen will.
  Wenn es – schon beinah erwachsen – plötzlich wieder Kind sein
  möchte.

Der nächste, bitte

Das Wartezimmer unseres Kinderarztes hat eine gewisse Ähnlichkeit mit dem Wartezimmer unseres Tierarztes – mit einem Unterschied allerdings: Die kleinen Patienten zeigen hier weniger die Zähne. Dafür machen sie mehr Radau. Man hört sie schon im Treppenhaus. Es klingt, als ob da oben eine Kinderparty stattfindet. Ist aber leider nicht Party.

Im selben Augenblick, da wir zur Praxistür hineingehen, kommt eine schimpfende Mutter mit ihrer kleinen Tochter aus dem Wartezimmer.

»Ausgerechnet jetzt, wo wir dran sind, mußt du auf den Topf. Kannst du das nicht früher sagen? Fräulein, wo ist denn das hier?«

Die Schwester sagt, zweite Tür links, aber da wäre schon einer drauf, schon seit Ewigkeiten. Moment mal... Sie bummert gegen die Tür. Nur zögernd wird sie von innen aufgeriegelt.

Heraus schleicht ein Knabe. Soo scheu. Soo verängstigt. Den kennen wir doch? Aber das kann nicht sein. Doch, das ist das Großmaul aus unserer Straße. Der, der die Laternen eingeschmissen hat und seiner Mutter einen Vogel zeigt, wenn sie »Bernhard, raufkommen!« hinunterruft.

Bernhard, nur noch ein kümmerliches Taschenformat seiner selbst, möchte sich verkrümeln, am liebsten in nichts auflösen. Die Sprechstundenhilfe erwischt ihn gerade noch am Ärmel: »Du kommst gleich mit.«

Bernhard, der Straßenheld, muß zur Blutabnahme. Seine große Schwester hat ihm erzählt, wie das ist. Sie hat's ihm geschildert, als ob sie Generalrache für all seine Untaten nehmen wollte.

»Zeig mal deine Venen«, hat sie gesagt und sorgenvoll in seiner Armbeuge herumgesucht. »Da sind ja gar keine. Da wird der Arzt bestimmt oft danebenpieken, bis er eine findet.«

»Tut das weh?« hat Bernhard gefragt.

»Und wie! Schon weil er bei dir die ganz dicken Nadeln nehmen muß, solche für Elefanten.«

Bernhard wird von der Sprechstundenhilfe ins Labor abgeführt, Schafott ist gar nichts dagegen.

Wir gehen ins Wartezimmer.

Für die kleinen Patienten unseres Kinderarztes scheint das Spielzeug, mit dem sie sich die Zeit vertreiben, nach Phonstärken ausgewählt worden zu sein. Hampelmänner hupfen – klackklackklack – eine Stiege herunter. Es gibt Tuten, alte Wecker zum Aufziehen, Spieldosen, ein Hammerspiel und noch mehr so schöne, laute Sachen.

Es gibt auch Bilderbücher, aber in denen blättern höchstens die Mütter.

Manchmal schauen sie beim Umblättern auf und mustern die Brut der anderen: Ist da auch kein Küken dabei, das hübscher ist als meins? Oder etwa schlauer? Wagt doch da eine Glucke, mit ihrem Wunderkind zu prahlen! Es kann schon Mama und Papa schreiben und bis zehn zählen und noch mehr Kunststücke.

»Cordula, zeig mal den Tanten, wie gut du eine Schleife bindest.«

Cordula knibbert an ihrem Schuhband herum.

»Und das mit vier Jahren! Was sagen Sie jetzt?«

Die »Tanten« haben Essigsäure im Lächeln. Eine von ihnen spricht aus, was alle denken: »Das kann meins noch nicht. Soll es aber auch gar nicht. Wozu denn? Hauptsache, es entwickelt sich normal.«

Jetzt ist die Mutter von dem Wunderkind beleidigt.

Eine Berufstätige guckt pausenlos auf die Uhr und sagt, sie sei berufstätig und wie lange die da wohl noch beim Doktor drinbleiben. Wenn alle so lange drinbleiben, sitzen wir heute nachmittag noch hier, meint sie.

Die Frau neben ihr stört das Warten nicht. Sie hat ein spannendes Buch mit und liest und liest und sagt ab und zu und ohne aufzuschauen zum ärgsten Krakeeler: »Thomas, halt doch mal die Klappe. Ist ja furchtbar.«

Thomas hält sie selbstverständlich nicht. Aber das macht nichts. Seine Mutter rechnet schon längst nicht mehr damit, daß er gehorcht.

»Der nächste, bitte.«

»Wir, wir sind jetzt dran.« Schon auf dem Weg zum Sprechzimmer beginnt die »nächste« zu lamentieren: »Also, Herr Doktor, was sagen Sie dazu: Macht uns der Herbie schon wieder 'n Strich durch den Urlaub. Kaum wollen wir verreisen, wird er krank. Voriges Jahr die Windpocken – übermorgen wollen wir nach Holland – bums – kriegt's Herbie im Ohr.«

Herbie, der Reiseverderber, schaut ebenso trotzig wie leidend drein. Immer soll er schuld sein. Dabei hat er sich bestimmt nicht freiwillig das Ohr entzündet. Will ja selber verreisen.

Auftritt einer Mutter mit Säugling.

Ein Baby!

Mammimammi, schau mal, ein Baby!

Im Nu stehen alle um das Tragetäschchen mit dem Säugling. Kurze, zärtlichstaunende Funkstille. Ein Baby! Dann geht's los: Wie süß! Nun sieh bloß mal die kleinen Fäustchen! Was ist es denn? Wieviel Wochen? Ja, wenn sie noch so klein sind (Seufzer)... Was fehlt ihm? Ach, das hatte meiner auch. Da müssen Sie folgendes nehmen...

Kind, du kannst doch nicht das Baby anhusten!

Aus dem Sprechzimmer dringt markerschütterndes Gebrüll. Als ob da eine Schlachtung bei lebendigem Leibe vorgenommen wird. Das ist Herbie.

Ein Vater öffnet die Tür, erfaßt mit einem verschreckten Blick die vielen kleinen Patienten, ihre durcheinanderredenden Mütter, Herbies Geschrei, die Aussicht, hier stundenlang warten zu müssen, und macht die Tür sofort von außen wieder zu.

Wie gesagt, das Wartezimmer unseres Kinderarztes hat viel Ähnlichkeit mit dem von unserem Tierarzt.

Vierzehn Jahre

Vierzehn Jahre. Ein herrliches Alter.

Wer möchte nicht noch mal vierzehn sein. Das ganze Leben vor sich haben, keine Sorgen und so voll Hoffnung sein...

Vierzehn Jahre.

Unruhige Träume. Kopfweh. Schon verdammt komische Stimmungen.

Sich selbst nicht grün sein. Herumgehen und Händel suchen. Was möchten, aber was –?! Konzentrationsmangel.

Voll ungezügelter Kraft und dabei so leicht erschöpft. Und von acht bis halb zwei Schule. Dann heimfahren. Mappe ins Zimmer feuern, egal wo sie landet. Hauptsache es kracht.

Irren Hunger. Essen einfahren, bis die Hose kneift. Mit vollen Backen die undeutliche Mitteilung: »Englisch zurückgekriegt. Ne Vier. Die schwierigen Sachen alles richtig, aber diese verdammten Flüchtigkeitsfehler. Arbeit ist sowieso ganz mies ausgefallen. Viele Fünfer und Sechser.«

Es wäre ein grober Fehler seitens der Mutter, jetzt zu fragen, ob es auch Einser und Zweier gegeben hat.

Nach dem Essen Schularbeiten: Mathe, Deutsch (Aufsatz), Bio, Englisch.

Morgen schreiben sie Franz.

Zuerst Bio. Bio geht schnell.

Dann Mathe. Der Vierzehnjährige ruft seinen Freund an, um zu fragen, was der rausbekommen hat.

Der Freund hat noch nicht Mathe gemacht, sondern erst Englisch. Er ruft zurück, wenn er Mathe hat.

In Englisch haben sie auf, einen Text auswendig zu lernen, der sich so flüssig und amüsant wie ein Börsenbericht liest.

Vierzehnjähriger sitzt am Tisch. Kaut am Federhalter. Juckt sich den Kopf. Schaut zum Fenster hinaus. Stöhnt.

Draußen scheint die Sonne, und der Wind weht. Herrliches Segelwetter. Schade um das Wetter. Der Text will und will nicht in seinen Kopf. Warum müssen wir bloß diesen Quatsch auswendig lernen, kannst du mir das mal sagen, ja??

Danach muß er noch eine halbe Seite aus dem Buch schriftlich übersetzen.

Deutscher Aufsatz. Ganz dummes Thema, zu dem ihm kein Anfang einfällt. Kannst du mir nicht den Anfang machen? Mach mal! Die Mutter weiß von vornherein: was immer sie vorschlägt, er wird es ablehnen.

Er wird sagen, das geht nicht, das glaubt der Lehrer nie, daß das auf meinem Mist gewachsen ist, und überhaupt ist es blöd. Schon der Stil ist blöd. Fällt dir nichts Besseres ein?

Will er überhaupt etwas anderes als streiten? Einen Unschuldigen dafür strafen, daß er diesen Hausaufsatz mit diesem blöden Thema schreiben muß!? Im sanftesten Fall verläßt die Mutter achselzuckend die Arena. Meistens knallt sie die Tür. Sie braucht den Knall als Auch-bloß-ein-Mensch. Und der Vierzehnjährige, Hausaufgabengeschundene braucht den Knall ebenfalls.

Er ruft ihr triumphierend hinterher: »Na bitte! Bitte. Gleich bist du eingeschnappt!«

Obwohl er weiß, daß sie es nicht ist. Weil auch tagtäglicher Schulaufgabenstreit zur Routine werden kann.

Der Aufsatz ist fertig. Eine Seite epische Einleitung und danach – bei nachlassender Intuition und Geduld noch eine halbe Seite, in der das blöde Thema im Telegrammstil in die Pfanne gehauen wird. Autor desselben trifft seine Mutter zufällig auf dem Flur und sagt: »Wenn du unbedingt willst, dann lies ihn durch.«

Sie geht mit Brille und Heft nach nebenan. Bloß niemals das Machwerk im selben Zimmer lesen! Da wird ihr Mienenspiel beobachtet und falsch verstanden und jeder zufällige, etwas zu laut geratene Atmer als abfällige Kritik ausgelegt.

Und wehe, sie nimmt Anstoß an seiner fürchterlichen Schrift oder moniert ein Satzzeichen oder hält sich an einem orthographischen Fehler fest. Dann wird's schlimm. Dann wird's sogar ganz schlimm.

Denn das Zusammenschustern eines blöden Aufsatzes mit einem blöden Thema ist an sich schon blöd genug, und wenn dann noch eine andere Person mit einem spießigen Rotstift ein *das* findet, das nach dem Komma ein ß haben sollte... nein.

Nein! So viel Kleinlichkeit verträgt kein unfreiwilliger Autor.

Sein Freund ruft an. Sie vergleichen die Matheresultate und schimpfen sich gemeinsam von den übrigen Zumutungen frei.

»Kommst du rüber?« fragt der Freund.

»Ja, später, muß erst noch Franz machen.«

Ist da zufällig einer im Haus, der ihn in Franz abhört? Großvater zu Besuch übernimmt das gern.

Irgendein unendlich höflicher Mensch hat ihm vor 35 Jahren in Pommern gesagt, daß er eine schöne französische Aussprache hätte.

Großvater korrigiert den ersten Satz in seiner schönen Aussprache.

Enkel will sich vor Lachen ausschütten. Schadenfreude tut seiner gequälten Arbeiterseele wohl.

Großvater steht vorm Blumenfenster als gekränktes Mahnmal. Der allmähliche Abbau seiner verletzten Eitelkeit wird viel Zeit in Anspruch nehmen. Er versteht auch seine Schwiegertochter nicht. Daß sie sich das Tag für Tag gefallen läßt! Wenn das sein Söhn wäre –!

Fünf Uhr dreißig.

Er hat's geschafft. Bis auf französische Vokabeln. Die lernt er heut' abend im Bett. Denn jetzt geht nichts mehr in seinen Schädel.

Es beginnt die kurze Freizeit eines Vierzehnjährigen

Vierzehn ist wirklich ein herrliches Alter. Wer möchte nicht noch mal vierzehn sein? Das ganze Leben vor sich haben, keine Sorgen, und so voll Hoffnung sein!

Täglich dasselbe Theater

Sie weiß bald wirklich nicht mehr, was sie kochen soll. Fragt sie die Kinder, bevor sie in die Schule gehen: »Was wollt ihr essen?«, sagen sie: »Was Schönes.«

»Was denn Schönes?«

»Na, eben was Schönes. Wird dir schon was einfallen.«

Ist sie genauso schlau wie vorher.

Mittags stürmen sie ausgehungert in die Küche.

»Gibt's bald Essen, ja? Was gibt's denn?«

Sie gucken in die Töpfe und ziehen ein Gesicht.

»Gemüüüse...«

»Gemüse ist gesund«, ein Argument, das noch kein Kind zu freudigem Essen angeregt hätte. »Außerdem kann ich nicht täglich Steaks kaufen. Wißt ihr, was Fleisch kostet?«

Ja, wissen sie. Hören es ja ständig von ihr.

Zum Gemüse wollte sie ihnen eigentlich Pommes frites vorsetzen. Pommes frites sind das Größte für sie, aber leider nicht die hausgemachten, sondern die von der Bratbude am Bahnhof. Die aus Tüte. Wegen dem besonderen Geschmack, den ihnen das dunkle, verbrauchte Fett verleiht.

Ehe die Mutter das nächste Mal Kartoffeln fritiert, wird sie sich von der Tankstelle einen Liter Dieselöl besorgen. Vielleicht trifft sie damit die von den Kindern bevorzugte Geschmacksnote.

Bei Tisch stochern sie auf ihrem Teller herum.

»Was ist los?«

»Kein Hunger.«

»Weil ihr wieder Süßigkeiten vorm Essen gefuttert habt. Wie oft soll ich euch noch sagen, daß ihr vor dem Essen nichts Süßes... ja, wozu koche ich überhaupt?«

»Als wir Kinder waren, mußten wir unseren Teller immer leer essen, egal, ob es uns schmeckte oder nicht«, sagt die Großmutter. »Wer mittags was übrig ließ, kriegte es abends wieder aufgewärmt. Immer wieder. So lange, bis er alles auf hatte.« Mit ihrem Sohn, dem Vater der Kinder, hat sie es auch so gemacht. Darum hat er noch heute einen Widerwillen gegen Gerichte, die er als Kind unter Geheul in sich hineinstopfen mußte. Und das Mäkeln holt er jetzt mit Freuden nach. Einmal ist ihm das Fleisch zu sehnig, einmal zu fett, und wenn es rundherum schier ist, dann ist es ihm nicht abgehangen genug. Dann »kaut er sich die Zähne daran lahm«.

Dann geht die Mutter in die Luft und schreit: »Was kann ich dafür? Stecke ich vielleicht im Fleisch drin?« (Was natürlich eine ganz dumme Redensart ist, wenn auch ziemlich verbreitet.)

Wehe aber, die Kinder – vom väterlichen Beispiel angesteckt – nörgeln am Essen herum. Dann droht er: »Wer mäkelt, fliegt vom Tisch.« Die Kinder fliegen gern vom Tisch. Erstens müssen sie dann nicht warten, bis die Erwachsenen mit dem Essen fertig sind, und zweitens fallen sie in der Küche über den Brotkorb her.

Freitags gibt's Fisch. Die Kinder mögen keinen Fisch wegen der Gräten. Selbst in einem garantiert grätenfreien Fisch finden sie noch eine. Dieses Stochern nach einem Beweismaterial macht die Mutter rasend.

Sie erinnert die Kinder an die vielen Millionen Menschen auf der Welt, die Hunger leiden. Die wären froh, wenn sie solchen herrlichen Fisch – mit oder ohne Gräten – essen dürften. »Und ihr stellt euch an!«

Darauf die Kinder: sie würden den Hungernden gern ihren Fisch geben.

Darauf ihre Großmutter: »Ihr wißt nicht, was Hunger bedeutet.« Und dann erzählt sie zum siebenunddreißigsten Mal die Geschichte, wie sie 1945 ihren einzigen Unterrock gegen zwei winzige Heringe eingetauscht hat.

Inzwischen ist der Fisch bis auf die Gräten kalt.

Es ist an sich schon ein Problem, sich jeden Tag etwas anderes zu Mittag einfallen zu lassen. Wenn man aber dann noch alle Geschmäkker unter einen Hut bringen soll...

Großmutter behauptet zwar, sie esse alles. Was ihr jedoch nicht schmeckt, das »bekommt ihr nicht«.

Ihr bekommt überhaupt kein Yoghurt, wohl aber fetter Gansbraten mit Rotkraut. Am liebsten hätte sie zweimal pro Woche Kohl.

Den wiederum verträgt ihr Sohn nicht, er hat's mit der Galle.

Wenn es zum Beispiel Leber gibt, kriegt der Vater seine nach Diätvorschrift zubereitet, Großmutter und Mutter essen sie gebraten mit Zwiebeln und Apfelmus, und die Kinder essen lieber Koteletts als Leber.

Wenn es Lamm oder Hammel gibt, muß die Mutter ihrer Schwiegermutter und ihrem Mann sagen, es handelt sich um Schweinefleisch, denn vom Hammel essen sie nichts. Aber Hammel unterm Namen Schwein finden sie delikat.

Die Kinder wiederum würden niemals Schwarzwurzeln unter ihrem eigenen Namen essen, als Spargel verkleidet jede Menge.

Hat die Mutter schon einen vielseitigen Mittagstisch wie ein Gasthaus, so muß sie auch noch lügen.

Wie einfach war es doch neulich, für ihren Neffen zu kochen. Als Internatsschüler ist er nicht eben verwöhnt. Er schaufelte kommentarlos alles in sich hinein, was sie ihm vorsetzte – ob es sich dabei um gefüllten Fasan oder angebrannte Bohnen handelte. Hauptsache, er war voll. Aber wenn sie ganz ehrlich ist – für so einen Müllschlucker zu kochen, macht nun auch wieder keinen Spaß.

Meditationen eines Zwölfjährigen
über den Osterhasen

Der Osterhase wohnt im Wald. Seine Kinder gehen in die Hasenschule und können Geige spielen. Als Taschentuch benutzen sie ein Kohlblatt.

Der Mensch kann nur kleine Menschen legen. Der Osterhase dagegen legt nicht nur kleine Hasen aus Fleisch und Blut, sondern auch aus Plüsch und Schokolade.

Er legt außerdem hartgekochte Eier, Schokoladeneier, Zuckereier, Krokant- und Nougateier. In manchen ist sogar Schnaps.

Der Osterhase legt die Eier wie ein Huhn. Er ist das einzige männliche Tier, das legen kann. Einmal hat er mir ein Dreirad gelegt.

Die Hasenkinder helfen ihm beim Bemalen der Eier und wickeln sie in Glanzpapier, binden ihnen Schleifchen um und Bauchbinden, auf denen Suchard, Lindt oder Sarotti steht, packen die Eier in kleine Kiepen und tragen sie in der Nacht zum Ostersonntag zu den Menschenkindern.

Sie verstecken die Eier im Garten, hinter Sofakissen und in den Ritzen der Polstermöbel.

Und das alles habe ich wirklich mal geglaubt!

Na, wie war's? Erzähl doch mal!

Philip war zum erstenmal mit seiner Klasse, zwei Lehrern und einem Bus nach Südtirol gefahren, ins Landschulheim. Acht Tage blieben sie fort.

Wir waren gespannt, was er alles erzählen würde, wenn er wiederkam.

Am vierten Tag seiner Abwesenheit kam erst einmal ein Brief von ihm, auf den wir Strafporto zahlen mußten, aber das taten wir gern.

Wann kriegen wir schon mal Post von Philip?

Der Brief enthielt eine Ansichtskarte vom Ort mit Kreuz da, wo das Dach des Landschulheims zu sehen war, eine stark fettende Wurstscheibe für seinen Hund Sascha und fünf Zeilen in sehr großer Schrift, damit die Seite schneller voll wurde.

Philip schrieb: »Wie geht es Euch und Sascha? Vermißt er mich? Das Essen ist hier ohne Saltz. 1000 Gruße und Küsse von Philip.«

Ich rief die Mutter seines Freundes an und fragte, was denn ihr Sohn geschrieben hätte.

Sie sagte: »Am ersten Tag war Regen, am zweiten ist ihm die Hose geplatzt.«

Nun wußten wir immerhin schon so viel: salzarmes Essen, ein Regentag, geplatzte Hose.

Wenn man nicht allzu hohe Ansprüche stellte, waren das fürs erste doch recht zufriedenstellende Informationen aus dem Landheim.

Es kam der Abend der Rückkehr.

Philip quoll mit den ersten Kindern aus den Bustüren... braungebrannt, falsch zugeknöpft, strahlend.

»Wie war's denn, Phil?«

»Och, ganz schön.« Er sah sich um. »Habt ihr Sascha nicht mitgebracht?«

»Nein. Wie war denn die Fahrt?«

»Aber ihr habt ihm gesagt, daß ich komme?«

»Ja, haben wir. Nun erzähl doch mal. Wie war die Fahrt?«

»Ganz gut«, sagte er. »Einmal war was am Vergaser.«

»Und sonst?«

Er sah uns verständnislos an. »Was sonst? Hunger hab' ich.«

Das mußte man schließlich verstehen: Philip hatte den ganzen Tag im Bus gequasselt und Blödsinn gemacht, jetzt war er endlich da. Jetzt wollte er seine Ruhe haben und seine altgewohnte Küche.

Wir sagten uns, wenn er satt ist, wird er schon von allein erzählen.

Aber Philip dachte nicht daran. Wir mußten ihm jede Information aus der Nase ziehen.

»Wie war's denn nun im Heim?«

»Och, naja, nicht so schlimm.«

»Hattest du ein nettes Zimmer?«

»Ja. Mit noch dreien.«

»Habt ihr euch gut vertragen?«

»Ja.«

»Und die Lehrer?«

»Ganz nett. Netter als in der Schule.«

»Was habt ihr denn so den ganzen Tag gemacht?«

»Alles mögliche. Einmal sind wir Traktor gefahren.«

»Und sonst?«

»Nichts Besonderes.«

»Und abends?«

»Abends war's meistens stinklangweilig. Kein Fernsehen. Kann ich jetzt vielleicht? Ich hab die ganze Woche nicht...«

Er stellte den Flimmerkasten an und nahm mit Sascha auf dem Sofa Platz.

Wir gaben es auf, ihn mit weiteren Fragen zu inkommodieren.

Ich packte seinen Koffer aus. Der Deckel sprang auf, als ob eine Feder drunter säße. Es saß aber keine. Es war nur Philips Art, einen Koffer zu packen, die den Deckel aufhüpfen ließ. Das erste, was mir entgegenfiel, waren fremde Socken und ein zusammengeknülltes Hemd, das ich auch nicht kannte.

In seinen Pyjama gewickelt fand ich eine Flasche Wein, sein Mitbringsel für uns. Dann kamen Unterhosen, eigene und fremde.

Sein roter Pullover, ein Strumpf und Hemden fehlten.

Philip bedauerte das sehr. Er sagte, sie hätten so wenig Zeit zum Packen gehabt. Da käme einem in der Eile schon mal ein fremdes Stück unter und ein eigenes weg. Am nächsten Tag machte ich die Runde bei den Müttern der Buben, mit denen Philip zusammen geschlafen hatte. Tauschte Unterhosen gegen Hemden und fragte nebenbei: »Was hat denn Ihrer so erzählt?«

»Na, daß es schön war und daß sie viel Blödsinn gemacht hätten.«

»Und sonst?«

»Nicht viel.«

Fünf Tage nach der Rückkehr aus dem Landschulheim stand eines Vormittags eine Frau Hahn vor unserer Tür mit Philips vermißtem rotem Pullover. Frisch gewaschen und mit vielem Dank zurück.

Ich dankte auch und schaute etwas hilflos, worauf sie meinem Gedächtnis mit der Erklärung, sie wäre Nanni Hahns Mutter, auf die Sprünge zu helfen versuchte.

Nanni Hahn? Nie gehört.

»Wohl aus Philips Klasse?« tastete ich.

Jetzt schaute sie dumm. »Ja, wissen Sie denn nicht?«

Ich? Was denn? Ich wußte gar nichts.

»Ihr Philip hat meiner Nanni den Pulli geborgt, als sie die große Wanderung gemacht haben.«

»Wanderung?«

»Zum alten Senn herauf, aber Sie wissen ja sicher Bescheid«, sagte Frau Hahn.

Und ich sagte: »Erzählen Sie ruhig.«

»Also – beim alten Senn haben sie Käse und Milch bekommen, kuhwarm, und ihm zum Dank ein Lied gesungen. Und weil es noch früh am Tag war, sind sie weiter zur Burgruine heraufgeklettert, es soll sehr romantisch gewesen sein. Bis die Buben die tote Maus gefunden haben.«

»Tote Maus?« (Und Philip hat mir nichts davon erzählt!)

»Mit der Maus haben sie meine Nanni und die Gitti Hübner gejagt. Dabei ist Nanni im Geröll gestürzt und hat sich die Beine aufgeschlagen und eine Sehnenzerrung...« Sie unterbrach sich und schaute mich an. »Aber das müssen Sie doch wissen!«

Ich nickte achselzuckend.

Daß Philip Nanni Hahns Unfall für nicht wichtig genug gehalten hatte, um ihn daheim zu erwähnen, konnte ich vielleicht noch verstehen. Daß er mir aber die tote Maus verschwiegen hat!?

Hatte er etwa selbst die tote Maus –?

Nein, nie. Dann würde mir Frau Hahn die Sache viel vorwurfsvoller schildern. Außerdem kann Philip es gar nicht gewesen sein, weil er keine toten Mäuse anfaßt. »Die arme Nanni«, sagte ich.

Frau Hahn wunderte sich nicht mehr über meine blanke Unkenntnis, sie war jetzt sogar froh darüber. Gab sie ihr doch Gelegenheit, mir Nannis Unfall so ausführlich zu schildern, wie Nanni ihn ihren Eltern geschildert hatte.

Hier in Stichworten, was bei Frau Hahn eine Viertelstunde in Anspruch nahm und meinen Gemüseeintopf anbrennen ließ:

Nanni konnte nach dem Sturz nicht mehr laufen und mußte abwechselnd von zwei starken Buben oder den Lehrkräften getragen werden. Dann kam der plötzliche Wettersturz mit kalten Nebeln, und dann kam der Moment, dem ich soviel Kenntnis über die Begebnisse auf der Wanderung zu verdanken habe: Philip mußte seinen roten Pulli ausziehen und ihn der Nanni geben, damit sie zusätzlich zu ihren Schmerzen nicht auch noch fror.

»Wann war denn das alles?« fragte ich Frau Hahn.

»Am Tag nach dem Kirchweihfest, wo die Kinder noch so nett mit den Einheimischen auf dem Marktplatz getanzt haben.«

Kirchweihfest? Mit Einheimischen getanzt? Philip auch? Nannis Mutter hätte mir gern noch viel mehr von der Zeit im Landschulheim erzählt, aber sie mußte heim, Mittag kochen.

Ich gab ihr eine Tüte Gummitiere für Nanni mit, der es inzwischen wieder gut ging, und blieb in tiefem Sinnen zurück.

Es wollte mir einfach nicht in den Kopf, daß diese Nanni und mein Philip die gleiche Reise gemacht haben sollen...

» *Wo bist du? Nie bist du da!* «

Zähflüssiger bis stehender Verkehr auf dem mittleren Ring in Richtung Autobahn Garmisch, nennt es die Service-Welle vom Sender Bayern 3.

Ich bin ein Opfer dieses stehenden Verkehrs – ein Glied in der buntlackierten, abgasenden, zwangsgebremsten Unübersehbarkeit.

Auf der rechten Fahrbahn kriechen sie ein Stück vor, jetzt auch auf der linken. Warum immer die anderen. Warum muß ich stets auf der Fahrbahn stehen, auf der nichts weitergeht? An Ausscheren ist nicht zu denken.

Und zu Hause wartet Philip.

»Främdärr Mann«, singt es im Autoradio, »schau disch nischt um nach meine Trännen...«

Der Mann im Opel rechts räumt das Kantinenessen aus seinen Zahnlücken. Vor mir streiten sich zwei Hinterköpfe in einem Mercedes. Abrupte Gesten, die einen langen, intimen Haß aufeinander ahnen lassen. Streit ohne Ton wirkt so viel böser als in Begleitung unsachlichen Geschreis. Ich habe einmal durch ein Treppenhausfenster gesehen, wie ein Mann seine Frau die Stufen hinunterstieß. Es wirkte gespenstisch, weil sie keinen Ton von sich gab – wahrscheinlich wegen der Nachbarn.

»... eines Tages, främdärr Mann, bleibt von Trännen nur ein Gähnnen –« (optimistischer Aufschrei) »denn die Wäält ist scheen und makt frei!«

Es wird einem ja viel Schönes in so einem Sender geboten.

Jetzt darf ich zwei Autolängen vorwärts kriechen. Das ist zwar nicht viel, aber es hält die Hoffnung warm, irgendwann einmal nach Starnberg zu kommen, wo mein Sohn auf mich wartet. Vorhin am Telefon schleuderte er mir einen Haufen Vorwürfe ins Ohr.

»Wann kommst du endlich? Wo bist du? Nie bist du da. – Waas? Erst um acht? Feine Mutter! Ach, Mensch, nun komm schon, laß die Besprechung sausen. Komm, ja? Komm, sag' ich. Schadet dir gar nichts, wenn ich eines Tages ein Problem werde. Was läßt du mich so viel allein!«

Philip hat vor kurzem eine Sendung über berufstätige Mütter gesehen, über ihr chronisch schlechtes Gewissen ihren Kindern gegenüber, weil sie sich nicht genügend um sie kümmern können. Das schlachtet er jetzt aus.

Soll er doch lieber »Dick und Doof« anschauen!

Es ist nicht zu glauben – ich habe mich bis zur Autobahn vorgestanden. Ich sehe sie schon. Noch einmal Rot. Aber dann mit dem nächsten Schub – Tiefdruck der Erlösung aufs Gaspedal.

Muß ich eigentlich so rasen? Muß ich diesen nervenaufreibenden Wettkampf wildgewordener Blechkisten mitmachen? Habe ich mir nicht hundertmal in die eigene Hand versprochen, mich nicht mehr provozieren zu lassen, an Philip zu denken... Ich überhole eine vollbestückte Familienkutsche – zwei Kinderköpfe und spitze Hundeohren auf den Rücksitzen, davor Vater und Mutter.

Ich habe den Wagen schon fast vergessen, da sehe ich ihn im Rückspiegel auf mich zupreschen, als ob er rektal mein Auto aufspießen möchte. Nana, was soll's denn...

Der Kerl muß den Verstand verloren haben. Hat er vergessen, daß er Frau, Kinder und Hund im Auto hat? Daß sein Motor diese Geschwindigkeit gar nicht verkraften kann?

Ja, hat er vergessen. Schließlich geht es um seine männliche Ehre. Eine Frau hat ihn überholt. Die muß er kriegen. Alles andere ist ihm wurscht.

Was soll ich machen? Gas geben oder ihn vorbeilassen? Ich lasse ihn vorbei. An den schadenfrohen Gesichtern seiner Kinder an der Rückscheibe erkenne ich, daß ich das Richtige getan habe – obgleich es mich schon ein bißchen wurmt.

Abfahrt nach Starnberg.

Dazu ein neues schönes Lied:
»Sterne im Regen, Träume im Wind
sind nicht mehr traurig, seit wir glücklich sind.«

Dazwischen eine Durchsage: »Rechte Fahrbahn der Autobahn Nürnberg-München zwischen Allershausen und Eching wegen schwerem Verkehrsunfall gesperrt. Siebenkilometerstau.«

Und wieder »Sterne im Regen...«

Wieso eigentlich Sterne im Regen, sind doch bei Regen Regenwolken vor, oder? Wieso nicht mal »Frisch onduliert im Regen...« das leuchtet jedem sofort ein.

Noch eine lange Kurve und dann liegt da unten Starnberg – links der See und glasklar die Berge, denn wir haben Föhn. Über der Kreisstadt die alte Kirche und das Schloß, ein trutzig-imposanter Bau, bei dessen Anblick ein Starnberger dennoch nicht recht froh werden kann: unser Finanzamt ist in ihm untergebracht, weshalb das Schloß auch »Zwingburg« genannt wird.

Ich fahre durch den Ort, dann links ab zur Uferstraße. Auf einmal nehmen die Wagen vor mir so was Menschliches an: sie erinnern an heimgetriebenes Rindvieh, das rechts und links von der Straße in seinen Hof einbiegt.

Philip erwartet mich am Tor. »Na endlich.«

Kuß durchs Wagenfenster und dann neue Vorwürfe: »Ich warte und warte – seit wann brauchst du fünfzig Minuten nach Haus?«

»Was glaubst du, was freitags auf dem Ring los ist«, sage ich, aussteigend. »Dazu der Fremdenverkehr ... aber jetzt bin ich ja da.«

»Ja.« Ein kurzer Blick in meine Tasche. Nein, ich habe ihm heute keine rosa Gummistangen mitgebracht, von denen meine Freundin behauptet, sie schmecken wie toter Friseur.

»Was war los?« frage ich. »Hat jemand angerufen?«

»Ich hab's aufgeschrieben. Mit Natascha war ich auch schon, hat aber bloß einen See gemacht. – Wann gibt's Abendbrot?«

»Um sieben«, sage ich.

»Dann fahr ich noch mal rüber in den Club«, sagt er und steigt auf sein Rad.

Wenn es nicht irgendwo komisch wäre, würde ich mich jetzt sehr ärgern.

Da habe ich eine wichtige Verabredung abgesagt und bin wie eine Halbstarke heimgefahren – und wofür?

Damit ich zuschauen darf, wie sich sein strammes, zwölfjähriges Jeanshinterteil in den Sattel schwingt und davonradelt.

»He – wart mal!« rufe ich hinter ihm her. »Warum sollte ich denn nun eigentlich so eilig nach Hause kommen?«

»Weil es schöner ist, wenn ich weiß, daß du da bist«, ruft er über seine Schulter zurück und ist schon um die Kurve.

Nie wieder kommt mir ein Hund ins Haus

Die Toidoi war ein schwarzer Spaniel und hieß eigentlich Cordy, aber der kleine Philip hat sie Toidoi genannt.

Und dabei blieb's.

Sieben Jahre lang flötete, säuselte, lockte und drohte er: »Toidoi! Hierher!«

Sie hat ihm ums Verrecken nicht parieren wollen. Schließlich war sie die Ältere und länger im Haus als er. Sie ließ sich von dem Kleinen nichts sagen.

Die Toidoi war damals schon mit zum Standesamt. Während wir drinnen »Ja« sagten, pöbelte sie draußen aus dem Wagenfenster.

Die Toidoi war immer und überall dabei, auch als wir die hellblaue Tragetasche mit Philip aus der Klinik abholten. Sie empfand das Baby als völlig überflüssige Anschaffung. Es brachte bloß Unruhe in unsere kleine Familie, in der sie bis dahin der einzige Liebling gewesen war.

Toidoi mochte sowieso keine kleinen Kinder. Gutmeinende Nachbarn rieten uns, sie abzuschaffen. Sie war doch so unberechenbar in ihrer Eifersucht. Wir schafften sie nicht ab, sondern taten viel, um ihr zu beweisen, daß wir sie genauso lieb hatten wie vor dem Familienzuwachs.

Dabei kamen wir vor lauter Zärtlichkeiten nach rechts und links nicht aus dem Händewaschen heraus. Toidoi akzeptierte Philip, ohne ihn zu mögen, aber sie schloß ihn in ihr Verteidigungsprogramm mit ein. Sie wurde Philips Hütehund.

Nur für seine Schlaftiere hatte sie eine geradezu fatale Zuneigung, vor allem zu Zeiten ihrer eingebildeten Schwangerschaften.

Dafür klaute Philip, als er schon krabbeln konnte, ihre Quietschpuppen und Knochen.

Das sah mal meine Schwiegermutter. Ihr standen die Haare zu Berge vor Entsetzen.

Sie griff sich die Toidoi und fuhr mit ihr in die Tierärztliche Hochschule.

Dort müssen sie unsere Hündin scheibchenweise unters Mikroskop gelegt haben, aber außer einer äußerst renitenten Abwehr gegen diese Maßnahme und zwei Zecken haben sie nichts Bedrohliches an ihr entdecken können.

Philips Kindheit wäre ohne Hund halb so lebendig gewesen. Toidoi ersetzte ihm die fehlenden Geschwister. Im Laufe der sieben gemeinsamen Jahre ließ sie sich manches von ihm gefallen. Aber nur bis zu einer gewissen Grenze, dann zeigte sie ihm die Zähne. Sofort war er brav.

Vater und Mutter mochten Philip die Zähne zeigen, so oft und so bleckend sie wollten – ihnen hat er trotzdem nicht gehorcht. Und das konnte die Toidoi sehr wütend machen. Sie war die einzige in der Familie, die viel von autoritärer Kindererziehung hielt. Toidois Tod nach sieben gemeinsamen Jahren ging Philip mehr zu Herzen als das Ableben seiner Großeltern.

Großeltern gehörten schließlich nicht zum täglichen Umgang, wohl aber die Toidoi.

Das Heimkommen von der Schule machte keinen Spaß mehr, weil niemand an ihm hochsprang.

Die Wohnung war so leer, seitdem Toidoi nicht mehr da war, aber ich sagte nein, nein, ich will keinen Hund mehr. Es ist so schwierig mit dem Verreisen und überhaupt.

So ein Hund ist schließlich ein Lebewesen und als solches eine Verpflichtung. Den kann man nicht einfach kaufen, weil er ›so süß‹ ist, und wieder abschaffen, wenn er im Wege ist.

Die Toidoi fehlte überall, am meisten in den Händen. Philip hatte so gar nichts mehr zum Kraulen, kein zusammengerolltes Fell auf dem Fußboden, um das er sich selbst herumrollen konnte und schmusen.

Ich habe ›Nein‹ gesagt.

Zwei Monate hielten wir durch, dann hielt Philips Vater es nicht mehr durch.

Eines Mittags stand er mit einem total verschüchterten, blonden Hundebaby im Arm vor unserer Tür und erhoffte wenigstens keinen Rausschmiß, wie ich seinem ungewissen Grinsen entnahm.

Ich sagte, wie konntest du, wir wollten doch nicht mehr. Mein Mann sagte, er wäre zufällig an einer Tierhandlung vorbeigekommen, da hätte der hier im Fenster gesessen mit seiner Schwester, beide vom Lande, aus Westfalen, ganz in der Nähe, wo sein Vater geboren war, Prachtexemplare, nicht überzüchtet, schau ihn dir doch an – und seine Schwester hat vielleicht geweint, als ihr Bruder verkauft wurde.

Ich spürte, die arme kleine, verlassene Schwester von diesem Hund ging ihm nicht aus dem Sinn und aus dem Mitleid.

Philip nahm ihm das Hundebaby behutsam ab und strahlte verklärt.

Das Baby weinte. Philip beruhigte es: »Hab keine Angst, du mußt nicht wieder fort. Hast du nicht die Geldscheine gesehen, die mein Papi für dich bezahlt hat?«

»Wieviel hast du für ihn bezahlt?« fragte ich meinen Mann.

Er konnte sich nicht mehr an die Summe erinnern, nur an die arme kleine, verlassene Schwester von diesem Hund. Wer weiß, was der für ein Schicksal bevorstand! Er wollte auch noch die Schwester!

Wir konnten uns damals nicht mal *einen* Hund leisten. Nicht mal diesen in Philips Arm.

Wir nannten ihn Sascha.

Nur am ersten Tag war er verschüchtert und sanft. Im rauhen Toben mit Philip und seinen Freunden entwickelte er seine Persönlichkeit sehr schnell. Er wurde ein Rabauke. Ein Halbstarker. Faxenmacher. Ein Schmierenkomödiant. Philips erster eigener Hund, der ihn rabiat verteidigte ohne Rücksicht auf die Rechtslage. Er hielt immer zu Philip und hütete mit ihm acht Tage lang das Bett, als Philip die Grippe hatte. Sie hatten auch die Grippe zusammen. Alles zusammen.

Nur einmal mußten sie sich für eine Zeit trennen. Sascha und die Meerschweine zogen vier Wochen früher von Berlin nach Starnberg als Philip. Als er Philip endlich vom Flughafen abholte, brüllte er vor Freude die Lautsprecheransagen nieder. Er kannte ja keine Hemmungen. Philip hatte es anfangs nicht leicht in der neuen Umgebung. Sascha verschaffte ihm Respekt bei den ortsansässigen Buben.

Sie hatten dann noch anderthalb herrliche, wilde, abenteuerliche Jahre miteinander. Sascha mischte bei allen Jungsspielen zu Wasser und zu Lande mit. Er fuhr sogar noch mal in Urlaub.

Eines Abends sind zwei Schäferhunde über ihn hergefallen und haben ihn getötet.

Philip hat es miterlebt. Er war damals elf und drehte durch. Lief einfach los.

Ich fand ihn schließlich auf einer Wiese. Es war sehr schlimm.

Ein Jäger nahm den Hund mit und grub ihn an einem landschaftlich besonders schönen Platz ein. Ein Grab mit Blick. Noch in derselben Nacht gruben die Füchse Sascha wieder aus.

Ein Glück, daß Philip nicht dabei war, als wir den stimmungsvollen Ort aufsuchten.

Ich schwor mir, nie, nie wieder einen Hund. Zwei Tage lang brannte eine Kerze neben Saschas Bild. Wehe, wenn wir sie gelöscht hätten. Dann nahm Philip das Telefon mit der langen Schnur und schloß sich damit im Klo ein. Er sagte uns nicht, mit wem er ein Gespräch führte.

Aber wenige Tage später stand ein enger Freund des Hauses mit einer jungen Afghanenhündin vor der Tür. Sie blickte uns aus klugen, dunkelbernsteinfarbenen Augen ungewiß an und wedelte ein bißchen.

Ich schrie: »O nein, o bitte nicht schon wieder!«

Philip kniete sich beglückt zu ihr und sagte mit einem letzten Rest von Pietät und Treue: »Aber Saschas Napf darfst du nicht haben.« Wir kauften einen neuen Napf und nannten sie Natascha.

Woran merken wir, daß Kinder groß werden?

Wenn sie sich schon ganz allein den Po wischen können – mit Hilfe einer halben Papierrolle.

Wenn wir bei uns zu Haus anrufen, und es meldet sich eine Kinderstimme, mit der wir uns ganz vernünftig unterhalten können.

Wenn sie zum erstenmal für uns zum Kaufmann gehen.

Wenn sie ihr Fleisch selber schneiden – auch wenn's noch so ausschaut, als ob sie Cello spielten.

Wenn die Hosenbeine schon wieder den Hochwasserstand erreicht haben, obwohl sie erst kürzlich ausgelassen worden sind.

Wenn sie abends im Bett selbst ihr Licht ausmachen.

Wenn sie sich beim Baden einschließen oder vorm Spiegel stehen und prüfen, ob schon Busen kommt.

Wenn wir am Sonntagmorgen ausschlafen dürfen.

Wenn sie sich nicht mehr so gern in der Öffentlichkeit von uns küssen lassen.

Wenn sie auf einmal schneller rennen und schwimmen können als wir.

Wenn die Tochter ihre Tage kriegt.

Wenn man mit dem Sohn Schuhe kaufen geht und in die Herrenabteilung verwiesen wird.

Wenn sie erklären, daß Schularbeiten die raffinierte Ausbeutungsmethode einer im Sold des Kapitalismus stehenden Lehrer-Clique sind.

Ja, wie ist denn das möglich? Gestern waren sie doch noch kleine Kinder!

Da denkt man, sie liegen brav in ihren Betten...

Eines Samstagabends im Januar raffte Philip seine Buntkarierten zusammen, legte obenauf den Pyjama und die Zahnbürste, küßte mich und sagte, zum Frühstück wäre er wieder da. Zu jener Zeit schlief er ab und zu beim Joschi oder der Joschi bei ihm.

Vom Fenster aus sah ich Philip mit seinem Bettzeug über den Zaun turnen. Zuerst verlor er die Pyjamahose, dann das Kopfkissen, dann bummerte er an Joschis Tür, worauf dieser ihm öffnete. Dann kam Philip noch einmal zurück, um seine Zahnbürste zu suchen. Dann ging das Gartenlicht aus und die Jalousie drüben herunter. Gute Nacht, Philip und Joschi.

Erst würden sie noch eine Weile Blödsinn machen und dabei eine Menge Guttis futtern. Sehr lange dauerte es mit dem Joschi abends nie, dafür stand er um so früher morgens auf.

Im allgemeinen kehrte Philip mit seinen Betten so gegen halb neun über den Zaun zurück. Aber an diesem Wintermorgen klingelte er bereits um sieben. Er wirkte zwar etwas müde, aber sonst ganz normal. Mir fiel nur auf, daß er es danach ein paar Tage vermied, zum Joschi zu gehen. Er hatte es lieber, wenn der zu uns kam.

Was sich in jener Nacht alles zugetragen hat, erfuhr ich erst ein halbes Jahr später durch puren Zufall.

Wir begegneten einem Polizisten, bei dessen Anblick Philip rote Ohren vor Verlegenheit kriegte. Der Polizist sagte: »Na, Komiker?«, und Philip grinste »Grüß Gott« so um die Ecke.

»Woher kennst du denn den?«

»Ach, der saß im Streifenwagen in der Nacht, wo...« Philip brach ab.

»Wo was?« fragte ich.

»Aber das war ja im Winter – und es war auch nicht mehr Nacht, bloß eben noch dunkel und ein irrer Schnee, Mami, was glaubst du, was ich plötzlich Lust auf Skilaufen habe, fahren wir dieses Jahr wieder nach Kitz, ja?«

»Was für eine Winternacht, Philip«, wollte ich wissen und nicht abgelenkt werden.

Philip seufzte belästigt auf. Ich fragte ihm zuviel.

»Halt wie ich beim Joschi geschlafen hab'. Er ist Frühaufsteher.«

»Was hat das mit dem Polizisten zu tun?«

»Er hat mich schon vor fünf geweckt.«

»Der Polizist?«

»Nei-en, der Joschi natürlich.«

»Ja und?«

»Hatten wir plötzlich beide irren Appetit auf Pommes frites, verstehst du?«

»Nein.«

»Aber es war so. Ehrlich.«

»Und was hat das mit dem Polizisten zu tun?«

»Gar nichts. Wir haben uns überlegt, wo es am Sonntag um fünf Uhr früh Pommes frites gibt.«

»Willst du mich schon wieder vom Polizisten ablenken?« fragte ich mißtrauisch.

Er sah mich kopfschüttelnd an. »Ich will dir erzählen, wie es wirklich war, aber du läßt mich ja nicht ausreden.«

»Also gut«, sagte ich. »Ihr habt überlegt, wo es um fünf Uhr früh Pommes frites gibt.«

»Am Bahnhof, hat der Joschi gemeint. Da gibt's doch schon Züge um fünf, da muß die Bahnhofswirtschaft ja auch schon aufhaben. Haben wir uns eben angezogen und sind auf Joschis Rad zum Bahnhof. Ich hintendrauf.«

»Und Joschis Eltern?«

»Die haben nichts gemerkt«, sagte Phil, »die schlafen doch in einer anderen Richtung von dem Haus.«

»Und am Bahnhof?«

»Hatte noch zu. Leider.«

»Da seid ihr also wieder umgekehrt.«

»Nein«, sagte Philip, »wir haben uns gesagt – wo wir nun schon auf sind und in der Kälte unterwegs – es war ja irre kalt!« Er sah mich mitleidheischend an, jedoch vergebens.

»Was habt ihr da gemacht?«

»Wir haben uns gesagt, wo wir nun schon unterwegs sind, können wir auch gleich beim Kino vorbeifahren und schauen, was es in der Kindervorstellung gibt. Und so sind wir eben zum Kino geradelt.«

»Und dann?«

»Kam die Funkstreife vorbei. Und hielt. Und die Polizisten stiegen aus und fragten, was wir da machen. Wir haben gesagt, wir wollen nachschauen, was es in der Kindervorstellung gibt, und da haben sie gefragt, ob uns keine noch blödere Ausrede eingefallen sei, aber es

war doch die Wahrheit. Wir haben ihnen erzählt, daß wir um fünf aufwachten und Appetit auf Pommes frites hatten und zum Bahnhof geradelt sind, und wie die da noch nicht aufhatten, sind wir weiter zum Kino ...«

Ich versetzte mich kurzfristig in die Rolle eines Streifenpolizisten, der im Dunkel eines frühen, klirrenden kalten Wintersonntagmorgens zwei Knaben auf einem Rad vorm Kino erwischt – der eine elf, der andere zwölf, beide schlotternd vor Kälte und Behördenangst – und dann diese Geschichte –!

»Was haben sie mit euch gemacht?«

»Ich mußte zu ihnen in den Funkwagen steigen, und Joschi mußte mit dem Rad vorausfahren. Der am Steuer hat gesagt, das, was wir beiden Komiker erzählt hätten, wäre so idiotisch, daß es beinah schon wieder stimmen könnte. Er hätte einen Sohn, der kriegte so was auch fertig. Aber der andere, der neben ihm saß, der konnte sich das nicht vorstellen. Er hat gesagt, das sind Automatenknacker. Das sind die Automatenknacker, die wir schon lange suchen. Dann hat er mit dem Polizeirevier telefoniert und unsere Namen durchgesagt, und man sollte Joschis Eltern benachrichtigen. Dann hat der nette Polizist gesagt, das sind doch Buben aus ordentlichen Familien. Aber der andere hat gesagt, die aus den ordentlichen Familien sind manchmal die schlimmsten. Als wir mit der Polizei heimkamen, stand Joschis Mutter schon in der Tür. Vor ihren Augen haben sie unsere Taschen untersucht und nichts gefunden und sind wieder abgefahren.«

»Und dann?«

»Dann hat uns Joschis Mutter was erzählt.«

Dafür hatte ich lebhaftes Verständnis.

»Aber warum hast du mir die Sache verschwiegen?«

Philip überlegte lange und entschloß sich für die Lösung:

»Du hattest damals so furchtbar viel um die Ohren. Warum sollte ich dir mit der Sache noch mehr Ärger machen? Es war ja auch ganz harmlos –« er schaute mich voll strahlendblauem Optimismus an.

»Und heute lachst du darüber, ja?«

Ich lachte nicht, aber ich gab mir schon eine Weile Mühe, ernst zu bleiben.

Auf einmal fängt es an ...

Die Schießereien im Hof sind verstummt. Auch das Kampfgeschrei.

Es gibt keine Cowboys mehr und keine Krimikommissare. Die Helden wuchern sich gerade selbst über den Kopf ins wilde Ungewisse.

Kurze, verstörte Funkstille, bevor die Mofas der Rebellen aufknattern.

Den Anfang machte Piet aus dem zweiten Stock, voriges Jahr, an einem Donnerstag, als er aus der Schule kam. Er mußte wie immer die Mülltüten herunterbringen. Dabei verlor er wie immer so manches auf der Treppe. Vor der Haustür stellte er die Tüten ab, um sein Fahrrad zu holen. Inzwischen kippten die Tüten um und aus.

Piet sammelte knirschend das Schlimmste in sie zurück, hängte sie rechts und links an die Lenkstange und fuhr sie die acht Meter bis zu den Müllkästen. Dort ließ er sie einfach fallen. Das sah der Hausmeister und brüllte Piet an. Darauf nahm Piet die Tüten und feuerte sie aufs Garagendach mit dem zornigen Aufschrei: »*Scheiß-bürgermüll.*«

Darauf holte der Hausmeister Piets Vater.

Piets Vater sagte ganz ruhig: »Piet, hol die Tüten vom Dach.«

Darauf zog Piet seine Schuhe aus und schleuderte sie den Tüten nach, stieg auf sein Rad und sauste auf Socken vom Hof, stieg sozusagen auf Socken in einen neuen Lebensabschnitt um.

Seine Kinderschuhe blieben mit dem Müll auf dem Dach, bis es anfing zu regnen. Da kletterte Piets Vater selbst hinauf und holte alles herunter, und das haben viele Leute im Haus nicht verstanden.

Sie sagten, der ist viel zu gut und zu weich mit dem Jungen, dem gehörten die Hosen strammgezogen. Piets Vater hat das Gerede nicht gestört. Andere Leute sind immer so schlau, wenn es sich nicht um ihre eigenen Kinder handelt.

Piet selbst ließ von Stund an sein Äußeres verwahrlosen. Tat nur noch das, wovon er sicher war, daß es Anstoß erregen würde. Haßte wild um sich herum. Tat nichts mehr für die Schule. Blieb sitzen. War ihm doch so egal. Eines Tages begegnete er der Felicitas, genauso fünfzehn wie Piet. Fee stieg auf sein rasendes Mofa mit auf, stieg gar nicht wieder herunter.

Wurde zum einzigen Wesen in Piets großer, wirrer, pubertärer

Einsamkeit, von dem Piet verstanden sein wollte – und blieb ebenfalls in der Schule sitzen.

Philip ist dreizehn und der kindlichste von allen.

Noch kommt ihm das Lachen in die Quere, wenn er seine Hörner wetzt. Noch tobt er seinen Kräfteüberschuß in Ringkämpfen mit seinem Hund ab. Der Hund kriegt nämlich auch die Pubertät – er hat's bloß besser als Philip: Man sieht's ihm nicht so an.

Und dann die Bibi, ebenfalls dreizehn, älteste von drei Geschwistern.

Innerlich ist sie noch ganz unreif, äußerlich bereits junges Mädchen mit allem dran.

Was fängt ein Kind mit so viel überstürzter Weiblichkeit an?

Bibi schwankt zwischen sentimentalen Seufzern und mundwerklichen Aggressionen. Gibt sich frech und vorlaut.

Tippt man sie aber nur leise mit einem Vorwurf an, bricht sie sofort in Tränen aus. Muß literweise heulen. Weiß selbst nicht, warum.

Tom kommt nur in den Internatsferien nach Haus.

Weiß der Himmel, was man ihm da ins Futter gemischt hat. Innerhalb eines Vierteljahres ist er sich selbst um einen Kopf über den Kopf gewachsen.

Dafür ist seine Stimme in den Keller gerutscht. In Toms Kellertiefe muß es Mäuse geben. Die piepsen plötzlich ganz unerwartet in seiner Stimme auf.

Als Tom die Bibi in diesen Ferien wiedersieht – keine dämliche rothaarige Gans mehr, sondern eine rothaarige, sentimentale Gazelle – kriegt er heiße Ohren. Abends muß Philip für Tom in den Nußbaum steigen und in Bibis Fenster schaun.

»Was macht sie?«, fragt Tom von unten.

»Sie kratzt sich den Kopf mit dem Füller und stiert die Wand an«, kommentiert Philip von oben. »Jetzt kommt ihr Vater rein und guckt, Mensch, hilf mir runter!«

Bibis Vater hat Philip im Nußbaum nicht bemerkt, wohl aber Philips Mutter. Sie fragt ihn: »Was war denn los?«

Und Philip, den Mund randvoll mit Abendbrot:

»Pom miebt Bibi.«

Bald merkt es das ganze Haus, daß Pom die Bibi miebt. Und Bibi liebt Tom auch ein bißchen. Darum gibt sie sofort ein Fest.

Auf dem Fest gibt es mehrere Liebespaare. Der Süßbier aus der achten Klasse küßt die Reni im Fahrradkeller. Ilonka tanzt mit ihrem Häkeltuch vor Heino Neumann. Heino soll »Salome, du feurige« zu ihr sagen.

Heino mag nicht recht. Was bedeutet denn Salome? Er fragt Tom. Tom weiß es auch nicht. Er kennt bloß Salami.

Kurz vorm Ende der Party kommt Tom zu Philip, der für den Grill und den Plattenspieler zuständig ist und schon die fünfte Cola trinkt. Seit der Nußbaumbesteigung ist Philip sein Intimus in Liebesangelegenheiten. »Was meinst du, Phil«, fragt Tom, »soll ich sie küssen?« Philip ist da etwas überfragt. Küssen? Die Bibi küssen? Denkt aber drüber nach. »Warum? Was hast du schon davon?« Tom küßt Bibi nicht.

Bei seinem nächsten Ferienbesuch ist Tom heilfroh, daß er es gelassen hat. Denn inzwischen hat er eine neue Liebe. Eine feste Sache. Er besitzt sogar ein Foto von ihr. Eins von der Seite, wo sie so raufguckt. Monika.

»Stell dir vor, ich hätte Bibi geküßt!« sagt Tom.

»Na und«, sagt Philip, von seinen Schulfreunden an pausenlosen Partnerwechsel gewöhnt.

»Stell dir die Komplikationen vor! Monika *und* Bibi!«

Kann sich Philip nicht vorstellen.

Tom ist gewiß der einzige Heranwachsende im Haus, der dank seines abgrundfesten, bieder-vorsichtigen Charakters und einer gewissen Naivität (welcher Fünfzehnjährige holt sich schon bei einem dreizehnjährigen Greenhorn in Liebesangelegenheiten Rat!) die Pubertät ohne seelisches Erdbeben überstehen wird.

Übrigens – Piet war Haarschneiden. Kein Mensch im Haus hat ihn erkannt.

Er grüßt auch wieder freundlich und stopft den Müll in die dazu erstellten Tonnen.

Und Philip geht manchmal abends mit Bibi und dem Hund.

Sie führen dabei lange, ernsthafte Gespräche ohne Verlegenheit und heiße Ohren. Eben so. Über das Leben und die Lehrer, ihre Eltern und ihre Freunde, die bereits viel weiter sind als sie selbst: Küsse, Liebesbriefe, Eifersucht... die machen schon was durch. Bibi möchte einerseits auch ganz gern schon was durchmachen. Andererseits bliebe sie am liebsten noch eine Galgenfrist lang Kind – genau wie Philip.

Ein Vater kommt nach Haus

Einem Vater gelingt es, eine Stunde früher als gewöhnlich nach Haus zu kommen.

Im Hochgefühl dieser geschenkten Freizeit betritt er seine Wohnung...

... und wird mit der erschrockenen Frage: »Was? Du schon?« kalt übergossen.

Im Nu fühlt er sich als unerwünschter Eindringling in einem Zuhause, dessen Geborgenheit und Wohlstand dadurch erhalten werden, daß er, der Vater, von morgens bis abends im Büro sitzt und schuftet.

Andererseits gefällt ihm die Begrüßung: »Fein, daß du schon da bist, dann kannst du gleich mal mit dem Jungen Mathe machen und zur Heißmangel fahren, die Wäsche holen und die Lampe reparieren...« auch nicht so gut. Und dies nicht etwa, weil er sich vor häuslichen Pflichten drücken möchte, sondern weil die Freude über sein Kommen ausschließlich zweckbedingt ist.

Hätte ihn seine Frau mit der Feststellung: »Fein, daß du schon da bist«, empfangen und erst nach zehn arglos verstrichenen Minuten die Mathematik und die Heißmangel erwähnt, wäre ihm überhaupt nicht aufgefallen, wie seine schöne Extrastunde Freizeit vergewaltigt wird.

Ein Vater kommt abends nach Haus.

Bloß der Hund freut sich irrsinnig, weil Hunde sich über jedes Familienmitglied zu freuen pflegen, das zu ihnen heimkehrt.

Ansonsten hat der Vater bereits beim Türaufschließen das Gefühl, in eine geschlossene Gesellschaft einzudringen, in der er zwar ausreichend bekannt ist und sogar geduldet, aber dennoch mehr stört als erfreut.

Sein Kommen hält irgendwie die Uhren an. Sie stehen auf »Hab acht!«

Sein Kommen bringt Ungemütlichkeit und einen gewissen Zwang ins Haus, finden Töchter und Söhne.

Sein Kommen zwingt sie, aufzuräumen, zumindest im Wohnzimmer, wenigstens so viel, daß der Vater dort einen Platz zum Niedersitzen hat...

... und die Platten von Straßenempfang auf Hauslautstärke zu drosseln ...

... und das alltägliche, wunderschöne Werbefernsehen abzustellen, weil der Vater befürchtet, sie könnten durch die sich ständig wiederholenden Werbeslogans verblöden.

Wie gesagt, sie müssen wahnsinnig viel Rücksicht auf ihn nehmen, zudem befürchten, daß er irgendwelche Pläne für eine gemeinsame Gestaltung des Abends äußern könnte, während sie doch schon vor der Haustür erwartet werden.

Andererseits sind sie mal wieder blank und müssen den Alten auf irgendeine süße Tour anzapfen, was bedeutet, daß sie ihn nicht verstimmen dürfen, wenigstens vor dem Anzapfen nicht.

Seine Mitteilung, am nächsten Tag eine Geschäftsreise anzutreten, hebt die familiäre Stimmung so hoch an, daß es selbst dem Vater auffällt. Er zieht sich schließlich mit einem Bier und dem behaglichen Gefühl, ein Störenfried und ein Portemonnaie für seine Familie zu sein, an seinen Schreibtisch zurück.

Ein Vater kommt abends nach einem prallen, nervenschlauchenden Arbeitstag nach Hause. Er sehnt sich nach Ruhe und Harmonie.

Irgendeinen Ort muß es schließlich geben, an dem er sich nicht wehren muß, sondern entspannen darf. Denkste.

Schon an der Tür empfängt ihn seine Frau mit ihrem Alarmgesicht.

(Anmerkung: Väter haben es nicht leicht. Mütter haben es nicht leicht. Aber wenn sie nicht ständig im Wettstreit liegen würden, wer von ihnen beiden es am schwersten hat, dann hätten es die Kinder auch viel leichter mit ihren Eltern.)

Seine Frau empfängt ihn also mit ihrem Alarmgesicht und mit Hiobsbotschaften.

»Ich werde nicht mehr mit ihnen fertig. Jetzt sieh du zu! Schließlich bist du der Vater!«

Den bösen Kindern hat die Mutter kapitulierend die Drohung entgegengefingert: »Na wartet! Laßt bloß euren Vater heimkommen! Dann werdet ihr was erleben!« Welches Kind freut sich schon auf die Heimkehr des Buhmanns?

Welcher Vater freut sich darauf, beim Heimkommen umgehend ins Tribunal geschubst zu werden und den Buhmann zu spielen, wo er viel lieber seine Beine und Nerven ausstrecken möchte!?

Ein pädagogisches Genie ist er sowieso nicht. Vergreift er sich nun –

da völlig unvorbereitet aufs Strafgericht – im Ton und wird zu laut oder gar handgreiflich, dann tun der vor der Tür lauschenden Mutter die armen Kinder wieder leid.

So ein Grobian! Das nennt sich nun Vater!

Redet er statt dessen freundschaftlich mit den Kindern und findet sogar noch eine Entschuldigung für ihre Missetaten, kann es ihm passieren, daß seine Frau ihn als erzieherischen Versager hinstellt:

»Tyyypisch du! Hast du dich mal wieder von ihnen einwickeln lassen!«

Was soll er zu seiner Rechtfertigung vorbringen? Was, bitteschön? Er resigniert.

Eines Tages kommt der Vater nicht mehr so gern und eilig nach Hause. Und dann wundern sie sich.

Ihre Weihnachtsgeschenke

Anfangs haben sie uns nicht viel zu schenken – vielleicht einen neuen Zahn oder das erste Lachen, auf alle Fälle das Glück, sie zum erstenmal an Weihnachten bei uns zu haben.

Ein paar Jahre später sind ihre Geschenke schon vielseitiger: ein gemaltes Bild, eine Beule vor Aufregung, ein verdorbener Magen und ein lautstarkes Gebrüll wegen des Gedichtes, das sie nicht aufsagen mögen. (Recht haben sie.)

Im Kindergarten basteln sie Weihnachtssternchen zum Aufkleben auf Fensterscheiben, Briefe, Wände, Türen. (Am meisten freut sich der Vater über die auf der Windschutzscheibe seines Autos.) Sie sind unermüdlich im Herstellen von Wein-, Bier- und Schnapsuntersetzern, von Hündchen mit Kastanienbäuchen und Streichholzbeinen und dem Hang zum Umfallen.

Ihre Präsente werden immer künstlerischer. Zum Beispiel: Christkindl, von zahmem Reh gezogen – in Tusche. Die Heilige Familie aus Knete. Ein Engel als Kartoffeldruck. Ein laubgesägter Donald Duck (und eine angesägte Tischkante). Außerdem viele, viele gehäkelte Topflappen. Und eine Keilerei unterm Weihnachtsbaum. Den ersten, ausgefallenen Milchzahn, in Doublé gefaßt, als Armbandanhänger. Brandlöcher im Tischtuch vom vielen Kokeln. Ein Klassenfoto – koloriert. Stille Nacht auf zwei Blockflöten und einen Schlips vom Supermarkt.

Gestrickte Handschuhe, von denen nur einer rechtzeitig fertig geworden ist, und dann natürlich Gutscheine. Gutscheine für ein Geschenk, das nach dem Fest kommen wird, sind sehr beliebt. (Wer damit rechnet, daß es wirklich kommt, ist der Dumme.)

Später geraten wir kurzfristig in den Besitz von ihren Lieblingsplatten, irren Socken, Blusen, die von vornherein zu eng für uns sind, und Spezialbohrern.

Keine Sorge, es fällt ihnen schon immer etwas für uns ein, was sie selbst gern haben möchten.

Erste Party

Mit zwölf fing das mit den Partys an. Die Mädchen waren die treibende Kraft. Sie wollten ihre hübschen Sachen vorführen, die sie nicht in die Schule anziehen durften, sie wollten tanzen und erwachsen spielen. Dazu brauchten sie Männer.

Wenn sie dabei auf gleichaltrige Knaben angewiesen waren, haperte das Unternehmen zumeist an Partnermangel. Denn zwölfjährige Jungen wollen sich weder hübsch anziehen und schon gar nicht nach Musik rumhopsen, so'n Quatsch.

Es zeigten sich nur solche partywillig, die scharf auf ein teilnehmendes Mädchen waren und sich ein bißchen Rumknutschen versprachen.

Die Mädchen mußten wirklich jeden Trick anwenden, um Männliches auf ihre Partys zu locken. Die Ina zum Beispiel aus Philips und Antons Klasse. Anton liebte Ina. Ina übersah Anton bis zu ihrem Entschluß, eine Party zu geben. Da machte sie ihm Augen und lud ihn anschließend ein.

Anton ging hoffnungsvoll hin. Aber es wurde eine Pleite. Ina beachtete ihn überhaupt nicht, sondern tanzte bloß mit dem Michel. Die anderen Kinder – fünf Mädchen und zwei Buben – saßen herum und langweilten sich.

Da kam Inas Mutter und schlug ihnen Gesellschaftsspiele vor – Hänschen piepe mal und die Reise nach Jerusalem. Anton wartete noch die Würstel mit Salat ab, dann ist er gegangen und war vielleicht sauer!

»Die hat mich bloß eingeladen, weil sie nicht genügend Jungen zusammengekriegt hat«, schimpfte er sich bei Philip aus.

Philip wollte sich kringeln vor Schadenfreude. Er hielt noch nichts von Mädchen. Sie kosteten bloß Geld für Eis, und was sollte er mit ihnen reden? Trotzdem ging er ein paar Wochen später der Lisa auf den Partyleim. Denn die Lisa war plötzlich ganz hingerissen von seinen selbstgebauten Flugzeugen, ließ sich jede Konstruktion ausführlich erklären, brachte unendliche Geduld beim Zuhören auf. Borgte ihm ihren Tennisschläger. Schenkte ihm Guttis und Aufkleber für sein Fahrrad – investierte unendlich viel in Philip.

Ihm blieb gar nichts anderes übrig als ja zu sagen, als Lisa ihn bat, sie auf eine Party zu begleiten. Es sollte eine tolle Party werden. Zwanzig Paare, es würden auch größere hinkommen, sogar Fünfzehnjährige.

Auf seine besorgte Frage, ob auch solche Sachen wie Hänschen piepe mal gespielt würden, lachte sie ihn bloß aus: »Wir sind doch keine Babys mehr.«

Trotzdem reute ihn seine Einwilligung, Lisa zu begleiten, kaum daß er sie gegeben hatte. Er litt der bewußten Samstagsparty entgegen wie einem Arzttermin mit Blutabnahme. Er suchte nach Ausreden, aber seine Mutter sagte: »Du kannst jetzt nicht mehr zurück. Du hast es der Lisa versprochen, und außerdem schadet es gar nichts, wenn du mal so was kennenlernst.«

Die Party ging um sieben Uhr abends an. Sie fand im extra für Geselligkeiten ausgebauten Keller eines Einfamilienhauses statt. Gastgeber waren Lisas Freundin Irene und ihr fünfzehnjähriger Bruder Tom.

Zuerst standen alle herum und qualmten den Keller voll. Auch Lisa mühte sich mit einer Zigarette ab. Philip tränten die Augen. Alle gaben sich irre lässig. Lachen wurde tunlichst vermieden.

Philip kannte nur Lisa und noch ein Mädchen. Aber das machte nichts. Bei der Superlautstärke der Stereomusik war eine Unterhaltung sowieso unmöglich. Philip verstand nicht einmal seine eigenen, trüben Gedanken. Dann wurde getanzt. Lisa wollte auch, aber Philip kann nicht tanzen. Er mußte trotzdem.

Solange sie auseinandertanzten, fiel das nicht störend auf, aber dann kam etwas mit Anfassen und Schleudern. Zuerst schleuderte Lisa den Philip, er prallte gegen zwei andere, die kreischten: »Mensch, paß doch auf!«

Dann mußte Philip die Lisa schleudern. Da war die Lisa plötzlich nicht mehr da.

Philip hat sie gesucht. Er fand sie auf dem Fußboden, wie ein Maikäfer auf dem Rücken zappelnd und sehr erbost.

Philip zog sie noch hoch, brüllte ihr: »Servus, Lisa«, ins Ohr und ist gegangen.

Ging durch die ganze Kreisstadt zu Fuß nach Haus. Das war seine erste Party. Lustig war sie nicht. Und zu Hause kriegte er auch noch sein Fett ab.

Sein Vater schimpfte: »Du kannst doch nicht einfach fortgehen und die Lisa allein lassen. Das tut man doch nicht. Aus dir wird nie ein geselliger Mensch.«

Philip wehrte sich vertrotzt. Unter Geselligkeit verstünde er was anderes als rumhopsen zu einer Musik, die einem die Ohren taubdröhnt. Er hätte es lieber gemütlich. Man unterhält sich, einer erzählt was Interessantes. Man kann sich auch mal richtig schieflachen und

Blödsinn machen. So was mag er gern. Ist das denn ein Verbrechen?

Nach diesem ersten Fiasko hat ihn kein Mädchen mehr zu einer Party verlockt, schon gar nicht die Lisa. Sie hat überall verlauten lassen, der Philip wäre doch noch reichlich unreif.

Mathematik

Vor jeder Mathearbeit hatte ich einen Flattermagen, aber meine Mutter sagte, das wäre kein Grund, mir einen von diesen Zetteln zu schreiben, die mit dem Satz begannen: »Meine Tochter mußte das Bett hüten, weil...«

Ich durfte gar nichts hüten, sondern zur Schule gehen und Mathe schreiben, und im Grunde hätte ich mir das Magenflattern ruhig ersparen können – ich war ja eh auf Fünfer abonniert.

Irgendwann in Quarta hatte ich den geistigen Anschluß ans höhere Zahlenwesen endgültig verpaßt. Auch in den übrigen naturwissenschaftlichen Fächern lag eine echte Nichtbegabung vor.

Ich bin dennoch nicht einmal sitzengeblieben. Das habe ich Dr. Elsheimer zu verdanken. Er gab uns Physik, Chemie und Mathematik. Er war mein Klassenlehrer, ein unnahbarer, unbestechlicher Mann voll knochentrockenem Witz und gebrochenem Herzen – er hatte seine beiden Kinder im Krieg verloren. Vielleicht war das der Grund für seine, vom schulischen Standpunkt geradezu fahrlässig humane Einstellung einer Schülerin gegenüber, die ihm nichts als Ärger bereitete.

Er sagte: »Barbara, ich gebe dir eine Fünf auf dem Zeugnis und zwei Vierer, obgleich deine Leistungen lauter Sechser wert sind. Vielleicht ist dir das ein Ansporn, dich von jetzt an mehr anzustrengen.«

Ich strengte mich an und war weiterhin lauter Sechser wert.

Dr. Elsheimer beachtete mich eine Zeitlang überhaupt nicht mehr. Das war in Oberprima. Ich hatte es dank seiner Nachsicht bis Oberprima geschafft. Nun stand das Abitur bevor.

Ich sah keine Chance für mich, es zu bestehen. Da rief mich Dr. Elsheimer in einer Pause zu sich und knurrte mißgestimmt: »Du bist ein so begabtes Mädchen, nur leider nicht in meinen Fächern.« Und schrie mich an: »Ich gebe dir schon wieder Vierer statt Sechser, aber ich will dir doch nicht das Abitur vermasseln. Schließlich brauchst du's für deine Zukunft.«

Er wußte, daß ich Sprachen und Journalistik studieren wollte, Fachgebiete, bei denen kein Hahn danach krähte, ob ich ein mathematisches Genie war oder ein totaler Versager.

Während des Abiturs saß ich neben unserer Klassenbesten in Mathematik. Ich hatte ihr einen fairen Handel vorgeschlagen – wenn du mir in Mathe hilfst, helfe ich dir in Englisch und Franz. Sie half mir nicht. Das brachte mich auf, wie man sich denken kann. Mein Unmut wurde so hörbar, daß Dr. Elsheimer, am Katheder lehnend, meinte: »Barbara, ich habe den Eindruck, Elisabeth stört dich. Vielleicht nimmst du auf der Einzelbank Platz.«

Da saß ich denn und reparierte meinen Füllhalter und schoß hypnotische Blicke auf Elisabeth ab. Die mußte dann einmal aufs Klo, als sie mit den Ausrechnungen fertig war.

Ich mußte anschließend auch aufs Klo und fand dort auf einem Zettel, was ich so dringend für mein Matheabitur benötigte.

Dr. Elsheimer hat es gewußt. Er ist sogar einmal aus der Klasse gegangen, um mir die Möglichkeit zu geben, die endlos langen Differentialrechnungen abzuschreiben. Wenn ich ihm in den nächsten Tagen begegnete, hat er meinen Gruß nicht erwidert. Erst bei der Abiturfeier sprach er mich an, ätzend, ohne einen Funken Sympathie: »Wie ist es nur möglich, bei so falschen Rechnungen zu richtigen Resultaten zu kommen? Kannst du mir das erklären?«

Ich konnte schon, aber ich mochte nicht. Da sagte er es selbst: »Nicht mal zum richtigen Abschreiben von Zahlen bist du fähig!«

Und ließ mich stehen.

Dr. Elsheimer. Studienrat an der Oberschule für Mädchen in Berlin-Grunewald. Was hat er nicht alles auf sein preußisches Lehrergewissen geladen, um mir das Abitur zu ermöglichen, mir, seiner miserabelsten Schülerin. Ausgerechnet mein Mathelehrer hat an meine berufliche Zukunft geglaubt.

Erst viele Jahre später ist mir bewußt geworden, was dieser Mensch für mich getan hat. Aber da war es zu spät, ihm zu danken. Es gab ihn nicht mehr.

Damals – mit dem knappen Abitur unterm Arm – hatte ich nur einen Wunsch: raus aus diesem Laden und nie mehr etwas mit Mathematik zu tun haben zu wollen.

Eines Tages wurde ich Mutter.

Sechseinhalb Jahre nach der Fertigstellung meines Sohnes wohnte ich in einer Aula bei Blockflötenspiel und aufmunternden Begrüßungsreden seiner Einschulung bei. Und somit hatten wir uns wieder – die Mathe und ich – für nochmals 12 bis 14 Jahre (mögliche Ehrenrunden in den oberen Klassen vorsorglich mitgerechnet). Anfangs ging's ja noch. Da bestand sie aus schlichtem Zusammenzählen und Abziehen.

Aber bereits bei den Teilaufgaben kriegte ich meistens etwas anderes heraus als mein Sohn. Damals benutzte er erstmals jenen Blick stillen, nachsichtigen Wunderns, wenn er mich rechnen sah.

Eines Tages trat uns die Mengenlehre zu nahe. Untermengen, Obermengen, unendliche Mengen, endliche Mengen, Leermengen und so fort.

Mein Sohn Philip hat sie schließlich begriffen, indem er immer wieder versuchte, sie mir zu erklären.

Ach, und dann die so beliebten Textaufgaben. Beispiel: Um 7 Uhr fährt ein Güterzug mit einer durchschnittlichen Geschwindigkeit von 50 km/h vom Bahnhof A ab. Um 7 Uhr 15 fährt ein D-Zug mit 90 km/h vom Bahnhof A in derselben Richtung. Wann und in welcher Entfernung überholt er den Güterzug?

Diese Aufgabe zu lösen, würde meinen Lebensabend restlos ausgefüllt haben. Philip stellte sie mir gar nicht mehr.

Er bezeichnet meine Teilnahme an seinen mathematischen Problemen längst als reine Zeitvergeudung. Einzig den Zeitpunkt von Klassenarbeiten läßt er mich noch wissen.

Er sagt, morgen schreiben wir Mathe – und schon spüre ich Magenflattern.

Ich sage, geh heut' abend früh zu Bett, schau lieber nicht fern. Ich sage, leg dein Mathebuch unters Kopfkissen.

Er fragt, wozu?

Ich sage, das soll helfen.

Er fragt, hat es dir geholfen?

Ich sage, nein.

Er sagt, warum dann also? Drückt doch bloß auf der Backe.

Er legt es trotzdem unter und vergißt, es am nächsten Morgen mitzunehmen.

Ich frage: In welcher Stunde schreibt ihr? Und er sagt: In der zweiten.

Hast du gar keine Angst?

Nö, warum?

Versteh ich nicht. Daß so nahe Verwandte so verschieden sein können! Dazu haben wir auch noch dasselbe Sternbild, bloß drei Tage auseinander ... und keine Angst vor Mathe!

Philip schaut mich nachdenklich an. Mach nur weiter so, sagt er, dann kriegst du mich auch noch nervös.

Ich verspreche, ihm in der zweiten Stunde die Daumen zu drücken.

Er sagt: »Ja, danke«, und dann – »ach, laß man lieber.« Nicht mal meinen Daumen traut er, wenn es sich um Mathe handelt ...

Moni

Ich ging mit dem Hund spazieren. Dabei begegnete mir ein kleines Mädchen auf dem Heimweg von der Schule.

Ein Mädchen voller Hopsen und Sich-selber-was-Singen und Stehenbleiben und alles angucken.

Auch meinen Hund.

»Du hast aber einen schönen, großen Hund. Darf ich den streicheln?«

»Lieber nicht. Manchmal schnappt er.«

Ich ging weiter, das kleine Mädchen ging mit mir mit.

»So ein schöner Hund. Hat dir den dein Mann geschenkt, wie ihr euch wieder vertragen habt?«

Ich guckte ziemlich dumm, aber ehe ich fragen konnte, warum, sagte das Mädchen: »Mein Vati hat meiner Mutti einen Hund geschenkt, wie er zu uns zurückgekommen ist. Wie das endlich aus war mit der anderen Frau, weißt du. Es war ein Pudel.«

»Aha.«

»Leider ist er tot«, sagte das Mädchen. »Unser Nachbar hat ihn aus Versehen überfahren. Rückwärts. Wie er aus der Garage kam. Wir wohnen Bergstraße 9. Kennst du das Haus? Wir wohnen ganz oben neben Tante Lilli.«

Ich sagte: »Wenn du Bergstraße wohnst, mußt du doch jetzt hier abbiegen.«

»Oh«, sagte das Mädchen und pustete Haarsträhnen von seiner Nase, »ich komm' gern noch'n Stück mit dir mit.«

»Aber deine Mutti wartet sicher mit dem Essen auf dich.«

»Glaub' nicht«, sagte das Mädchen, »die war ja gestern abend kegeln. Wenn sie kegeln war, ist sie hinterher immer krank. Im Kopf und im Magen. Tante Lilli hat mir Frühstück gemacht. Kennst du Tante Lilli? Sie hat mir den Pulli gehäkelt, den ich anhab'. Findest du ihn hübsch?«

Ich lobte den Pulli, den Tante Lilli gehäkelt hatte.

»Ich heiße Moni Häusler, und wie heißt du?«

»Barbara.«

»Hast du auch Kinder?«

»Einen Sohn.«

»Ich hätte gern einen Bruder, aber meine Mutti will nicht mehr. Schade. Ich hätte wirklich gerne einen.«

Wir gingen weiter an der Bahn entlang. Ein Zug rauschte vorbei, Moni winkte, keiner winkte zurück. Moni machte das nichts.

»Schau mal, wie weit ich springen kann!« Sie tat einen umständlichen Hopser vorwärts, ihr Ranzen und sein Inhalt hupften rumpelnd mit.

»Kannst du auch so weit springen, Barbara?«

Ich dachte an den Hund und verzichtete auf einen Versuch.

»Im Turnen bin ich gut«, sagte Moni und zog ihre Strümpfe hoch. »Bloß nicht im Lesen und Schreiben. Ich kann mich nicht konzentrieren, sagt die Lehrerin. Vielleicht muß ich sitzenbleiben. Meinen Eltern ist das egal, bloß meine Oma darf es nicht wissen. Sonst sagt sie wieder, meine Mutti hat schuld, daß ich nicht gut bin. Sie kann meine Mutti nicht leiden.«

Moni sah eine Glockenblume auf der Bahnböschung stehen und pflückte sie und wußte dann nicht mehr, wohin mit ihr.

»Meine Oma wohnt in Augsburg. Wir haben da auch gewohnt, wie ich noch klein war. Dann ging's nicht mehr. Immer die Streitereien mit meiner Mutti.« Moni sang sieben hohe, unbeschwerte Töne. »Aber in den Ferien bin ich noch bei meiner Oma, bloß dieses Jahr nicht. Wir fahren nach Mallorca. Fährst du auch nach Mallorca, Barbara? Nein? Hast du kein Geld zum Reisen? Warum kaufst du dir nicht eine Reise auf Raten? Mein Vati kauft alles auf Raten. – Magst du die Blume?«

Ich nahm Monis Glockenblume dankend an und wußte nun auch nicht, wohin mit ihr.

»Einmal haben sie unsern Farbfernseher abgeholt, weil mein Vati die Raten nicht bezahlen konnte. Das war, wie ihm sein Chef gekündigt hat. Aber jetzt haben wir einen neuen Farbfernseher. Mein Vati arbeitet ja wieder. Bei Südbremse. Da verdient er auch mehr.«

»Moni«, sagte ich, »du solltest jetzt wirklich heimgehen. Deine Mutti wartet bestimmt auf dich.«

»Ja, vielleicht«, sagte Moni und verließ mich ohne Abschied, hupfend, zwischendurch ihre Strümpfe hochziehend, Haare pustend – Moni peilte neuen Anschluß an: einen Kinderwagen, den eine junge Frau schob.

Ich sah noch, wie sie in den Wagen schaute und »Du hast aber ein schönes Baby«, ausrief. »Darf ich es mal streicheln?«

Beim Weitergehen überlegte ich, ob Moni die junge Frau wohl auch fragen würde: »Hat dir das dein Mann geschenkt, wie er wieder zu dir zurückgekommen ist?«

Abschied von den Ferien

Morgen fängt die Schule wieder an.

Seufzer wehen aus den Zimmern der Kinder, während sie ihre Mappen packen.

Janne sagt schon zum viertenmal, sie möchte am liebsten heulen. Heult aber nicht, es hapert mit den Tränen. Denn so schlimm, daß sie von allein kommen, ist der Gedanke an den Schulbeginn nun wieder auch nicht.

Im Grunde ist sie sogar froh, daß nach der langen Sommerfreiheit wieder ein bißchen Ordnung in ihren Alltag kommt, ein gewisser Zwang, gegen den sie revoltieren kann. Außerdem freut sie sich auf ihre Freundinnen, auf die große Pause, in der sie endlich ihre Ferienerlebnisse loswerden muß. Sie möchte auch den Knaben in ihrer Klasse vorführen, wie toll braun sie ist, und wenn sie sagen: »Janne, du bist aber toll braun«, dann wird sie sagen: »Och, das ist gar nichts. Ich war noch viel brauner.«

Jannes Bruder Karlchen ist vor allem mulmig ums Herz. Bisher ging er wegen seiner Lernschwierigkeiten auf eine private Ganztagsschule.

Morgen wird er zum erstenmal das örtliche Gymnasium besuchen. Neue Lehrer, neue Klassenkameraden ... falls er die Aufnahmeprüfungen in den Hauptfächern besteht.

Karlchen fürchtet sich sehr vor diesen Prüfungen. Schon wegen seinem Vater. Sein Vater stöhnt täglich über die Teuerungen, und er sagt, er weiß bald nicht mehr, wo er jeden Monat das Geld für die private Schule hernehmen soll. Karlchen muß die Aufnahmeprüfungen bestehen, es bleibt ihm gar nichts anderes übrig.

»Wann gibt's Essen?« fragt er und geht noch einmal zu seinem besten Freund, dem Frankie, der heute abend ins Internat zurück muß.

Die beiden trödeln ein Abschiedsstück über Land. Beide sind sehr still.

Plötzlich fängt Frankie an zu rennen, rennt blind und stolpert in eine Wiese hinein und brüllt dabei: »Verdammtes Internat! Verdammte Scheiße –«, rennt und brüllt so lange, bis das Brennen in seinen Augen nachläßt.

Frank ist nicht gern im Internat. Er ist ein Heimwehkind. Seine Eltern sind geschieden. Seine Mutter, die das Sorgerecht für ihn hat, fühlt sich noch zu jung und unausgefüllt ohne Beruf. Lieber verdient sie das teure Internatsgeld, als daß sie zu Hause versauert.

Kann man ja verstehen, versteht auch Frankie – aber warum darf er deshalb nicht zu Hause bleiben?

Dreimal ist er schon ausgerissen und per Anhalter nach Hause gekommen. Beim drittenmal gab ihn seine Mutter in ein Institut, dessen Entfernung von der Heimatadresse jeden Fluchtgedanken von vornherein ausschließt, und außerdem, was soll's – er muß ja doch wieder hin. Die Rückfahrt von den Ferien ins Internat bedeutet jedesmal einen gewaltsamen Herauswurf aus dem Nest für Frankie.

Mit jedem Kilometer mehr wird er stiller, und wenn dann der Wagen seiner Mutter in die Straße einbiegt, in der das Internat liegt, wenn er vor dem großen Tor hält, wenn Frank das villenartige, frischgeweißte Gebäude in einem grünen Park mit Blumenrabatten und Sportanlagen vor sich sieht – ein so anheimelnder Anblick von außen –, dann ist alles hoffnungslos tot in ihm.

Er zerrt seinen Koffer vom Rücksitz und die Plastiktüte mit den Kompottdosen, die er ins Heim schmuggeln muß, weil Mitbringen derselben offiziell verboten ist, gibt seiner Mutter ganz schnell einen Kuß und geht in sein Schicksal hinein, ohne sich noch einmal umzusehen. Das fiele ihm zu schwer.

Morgen fängt die Schule wieder an.

Die Mutter von Janne und Karlchen zieht ihren Wecker auf und stellt ihn auf halb sieben. Sechs Wochen lang hatte sie Ruhe vor ihm. Ab morgen wird er wieder mit seinem schrillen Ton ihren Schlaf zerschneiden.

Ab morgen früh wird sie wieder die Morgenmuffligkeit der Kinder ertragen, zum Aufbruch drängen, vom Fenster aus zuschauen, wie sie auf ihre Räder steigen, und ihnen »Fahrt vorsichtig« nachrufen.

Wenn sie dann noch eine Stunde später den Vater vom Ganzen verabschiedet hat, wird endlich wieder Ruhe in ihren Vormittag einziehen. Auch das hat seinen Vorteil.

Die ersten Zigaretten!

Dem intensiven Zigarettenrauchen verdankte:

Dein Großvater seine chronische Bronchitis,

deine Großmutter Magengeschwüre,

dein Vater einen Herzinfarkt.

Deine Mutter hat soeben Schweres durchgemacht: sie hat sich zum 9. Mal das Rauchen abgewöhnt. *Und du Idiot fängst gerade damit an.*

Du hältst die Zigarette wie ein Pusterohr, man merkt, du lernst noch. Man merkt, es schmeckt dir überhaupt nicht, aber du gibst dir große Mühe, dich zu gewöhnen. (Ja, huste nur schön, schadet dir gar nichts.)

Wenn du so weitermachst, hast du es in einem, höchstens zwei Monaten geschafft. Dann kannst du nicht mehr ohne Zigarette.

»Warum rauchst du eigentlich?« frage ich dich.

Ja, warum – das weißt du auch nicht so genau. Wahrscheinlich, weil alle in deiner Klasse rauchen. Nun gibt es kein überzeugenderes Argument, sich ein Übel anzugewöhnen, als »weil alle es tun«. Was soll ich machen? Wenn ich es dir verbiete, rauchst du heimlich. Das hab' ich auch getan.

Ich erinnere mich noch: kam eines Tages meine Mutter überraschend früh nach Haus und entdeckte einen Koffer unter meinem Bett, der qualmte. »Wieso qualmt der Koffer«, sagte sie und zog ihn vor. Es lag eine brennende Zigarette in ihm herum, das gab vielleicht Ärger – schon wegen des angekohlten Innenfutters.

Ich weiß heute nicht mehr, warum ich damals immer in den Koffer rauchte anstatt zum Fenster hinaus. Ich war doch sonst nicht sehr originell.

Wahrscheinlich lag es an der guten Zigarettensorte und an den miesen Zeiten. Wir hatten Krieg. Da schmiß man nicht einfach eine angerauchte, englische Zigarette aus dem Fenster und fand sie womöglich nachher nicht wieder. Da riskierte man lieber einen Kofferbrand.

»Weißt du eigentlich, daß es Zeiten gab, wo eine einzige Zigarette acht bis elf Mark gekostet hat?« Du schaust mich an, als ob ich spinne. »Und ihr habt sie trotzdem gekauft?«

»Ja.«

»Ihr habt ja'n Kaiser gesehn, Mensch!«

»Wir waren eben süchtig. Darum. Was glaubst du, was wir alles geraucht haben – einmal sogar Abführtee, in Durchschlagpapier gerollt.«

»Pfui Deibel.«

»Und Eigenbau aus dem Garten. Ein sagenhaftes Kraut. Das ging nie wieder aus den Gardinen heraus. Frag deine Großmutter.«

Gardinen interessieren dich nicht. Um so mehr gibt dir zu denken, daß der Herr F., der immer so vornehm tut, sich im Jahre 1946 mit einem anderen Mann um eine fortgeworfene lange Ami-Kippe geprügelt hat.

»Das kannst du dir nicht vorstellen? Aber du weißt auch noch nicht, was es heißt, keine Zigarette zu haben. Diese Kribbligkeit in den Fingern und im Kopf. Du denkst an nichts anderes als an einen Glimmstengel. Suchst stundenlang durch alle Taschen und bist selig, wenn du eine in einem Blumentopf ausgedrückte Kippe findest, an der noch zwei Züge dran sind.«

»Igitt«, sagst du.

»Erst rauchst du fünf, sechs am Tag, dann zehn, dann fünfzehn, zwanzig und mehr. Du ißt, um hinterher rauchen zu können. In jeder Pause rennst du auf ›Knaben‹ wegen ein paar Lungenzügen. Du findest immer Gründe für eine Zigarette. Wenn du einen ganz irren Schreck kriegst, wenn du erleichtert bist, wenn du dich freust, wenn du dich ärgerst, wenn du telefonieren mußt – vor allem aber, wenn du erst mal Alkohol trinkst. Du ahnst ja nicht, wieviel du dann erst rauchst. Und der Morgen danach... Ein Traummorgen. Im Kopf und im Magen. Du schwörst dir, nie wieder – aber sobald es dir besser geht...

Du rauchst, um deine Nerven zu beruhigen. Und woher hast du die kaputten Nerven? Vom Rauchen.«

»Der Wurster Anton ist an Lungenkrebs gestorben«, sagst du.

Mir fällt darauf der Herr Fassbinder von der Drogerie ein. »Dem haben sie das Raucherbein amputieren müssen. Jetzt sitzt er nur noch hinter der Ladenkasse und zittert am ganzen Körper und raucht und raucht.«

»Dem schmeckt's halt«, sagst du nachdenklich.

»Das Vergnügen kostet ja auch noch 'ne ganze Menge«, sage ich.

»Was hast du so im Monat verraucht?«

»Na – achtzig Mark bestimmt.«

»Macht im Jahr neunhundertsechzig Mark. Macht in zehn Jahren – Mensch!« Du schaust mich an, als ob ich uns ruiniert hätte.

»Aber was es kostet, ist dir völlig wurscht, wenn du erst mal süchtig bist. Hauptsache, du hast was zum Rauchen«, sage ich.

Nach zwei Tagen kommst du wieder auf das Thema zurück. »Der Peter in meiner Klasse kriegt eine Prämie von seinem Vater, wenn er nicht raucht.«

»Und für die Prämie kauft er sich heimlich Zigaretten«, sage ich.

»Der Peter raucht wirklich nicht mehr«, sagst du. »Er konnte es ja auch ohne Mühe aufgeben.«

»Ich geb' dir auch zehn Mark«, sage ich.

»Na gut«, sagst du, und ich sehe, wie es in dir rechnet. Du hast *das* Geschäft deiner ausgehenden Kinderjahre gemacht: 80 Mark im Monat gespart plus 10 Mark Prämie macht im Jahr – sagenhaft.

Du rauchst nicht mehr.

Der Variopropvierkanalschaltbaustein-
vierkommaachtvau

In einem Alter, in dem andere Knaben bereits Mädchen im Kopf haben, beherrscht ihre Sinne ein Aluminiumspinner für OS-Motoren.

Rotationskolbenmotorengeräusche ersetzen ihnen jede Beatmusik.

Statt psychedelischer Beleuchtungseffekte glüht in ihren Zimmern das rote Lämpchen des Multiladers durch die Nacht.

Statt Postern mit Pop und Mick Jagger kleben Konstruktionspläne an ihren Zimmerwänden.

Ihre Lieblingslektüre: Modellbaukataloge.

Ihre Unterhaltung: völlig unverständlich. Es geht darin um Umpolaggregate, Varioprop 4 Kanal Schaltbausteine 4,8 V, um Auspuffeinsätze der Drosselvorrichtungen und so fort. Reines Technikerchinesisch für Nichteingeweihte. Ihre Träume: ein ferngesteuertes, selbstgebasteltes Flugzeug für einfachen Kunstflug, mit Schwimmern ausgerüstet, damit es auch wassern kann.

Natürlich wird alles selbst gebaut. Wer es nicht glaubt, der soll sich die angesägten Tische, die unausrottbaren Hartkleberkleckse und Ölfarben auf dem Teppich und die Sägespäne in ihren Zimmern betrachten.

Ich bin ja eine verständnisvolle Mutter. Ich sage mir auch – ein Bastler treibt sich wenigstens nicht herum, und wo gehobelt wird, da fallen Späne.

Aber zwei Sachen habe ich jetzt strikt verboten: a) das Einlaufen eines neuen Benzinmotors innerhalb der Wohnung und b) das Hantieren mit Spannfiximmunfarbe in derselben. Das ist ein zu strenger Duft, der schneidet mit Messern in die Nase und blockiert die Lungen, und ich wundere mich, wie unser Wellensittich Ludwig ihn gesund überstanden hat.

In einem Zimmer von 3 mal 4 Metern werden ein Flugzeugmodell (Spannweite der Tragflächen 1,80 Meter, Rumpflänge 98 cm) und zwei etwas kleinere sowie ein Schnellboot von einsfünfzig Länge aufbewahrt.

Dringend benötigte Möbel wie Bett, Tisch und Stühle müssen sich darin auch noch behaupten. Der Schreibtisch ist schon seit einem halben Jahr Werkstatt und seither nicht mehr abgestaubt worden, ja wie sollen wir denn –?

Bastler nehmen jede Arbeit an, die honoriert wird. Denn das Basteln von ferngesteuerten Flugzeugen, Schiffen und Autos ist unheimlich teuer.

Bastler müssen auch ein hartes Fell haben. Schließlich bauen sie ihre Möbel nicht nur, damit man in ihren Zimmern nicht mehr treten kann, sondern um sie auch in freier Natur einzusetzen. Zum Beispiel das ferngesteuerte Auto. Eine tolle Sache.

Überall, wo sie es fahren lassen, dürfen sie es nur einmal fahren lassen, dann werden sie verjagt. Sie sind es gewohnt, daß man hinter ihnen herpöbelt, denn die kleinen Benzinmotoren machen einen Höllenkrach. Aber Spaß.

Kein Mädchen im Arm verleiht unseren Bastlern so ein männliches Glücksgefühl wie eine 6-Kanal-Fernsteuerungsanlage vorm Magen, d. h. es gäbe ein noch größeres: eine 12-Kanal-Anlage.

An die kann man sechs Rudermaschinen anschließen – hoch – tief – rechts – links – Motor drosseln – Querruder einzeln bedienen und die Landeklappen. Mann!

Hände haben sie wie Autoschlosser. Gehen gar nicht mehr sauber. Ihre Fingerkuppen sind breit und plump wie Hundepfoten, aber so sensibel und geschickt wie Uhrmacherfinger, wenn sie ein winziges Schräubchen festdrehen oder einen haardünnen Draht verbiegen müssen. Und diese unendliche Geduld – ach, hätten sie die doch bei ihren Schularbeiten.

Bastlerleben ist auch von Tragik umwölkt.

Da haben sie nun ein Jahr gespart, um sich ein Modellflugzeug mit allem Drum und Dran zu kaufen und zusammenbasteln zu können.

Der Ölfarbengeruch vom letzten Anstrich hat sich aus der Wohnung verzogen. Der Motor ist eingelaufen. Der Tank gefüllt. Das herrliche Modell von allen Seiten fotografiert.

Nun folgt an einem windstillen Tag der Einsatz über Land.

Eine wenig befahrene Straße zwischen Wiesen und Feldern dient ihnen als Startpiste.

Das Anwerfen eines Flugzeugmotors ist genau so eine Zufallssache wie das Anwerfen eines Außenbordmotors. Manchmal klappt es beim ersten Mal und manchmal dauert es eine Viertelstunde.

Meist klappt es gerade in dem Augenblick, wo sich ein Auto auf der Straße alias Startpiste nähert.

Mit höflich-beschwörenden Gesten wird es gestoppt, meist hält es von selbst, weil sein Fahrer zuschauen will, wie die kleine Maschine, von behutsamen Schaltbewegungen gelenkt, in die Höhe torkelt.

Nun fliegt sie ganz ruhig, surrt dabei wie ein Insektenchor an einem geschlossenen Fenster, gewinnt an Höhe, zieht buntleuchtend Kreise, nimmt Kurs auf eine Waldgruppe, schlägt Loopings, turnt immer mutiger und tollkühner vor der Sonne, jagt eine Drossel in die Flucht, verschreckt seine Zuschauer durch einen in letzter Minute abgefangenen Sturzflug, zieht wieder hoch – sagenhaft! Manchmal fliegen zwei oder drei Maschinen gleichzeitig über den Wiesen. Ballett am Himmel.

Auf der Straße unten stehen verklärt blinzelnde Knaben mit der Fernsteuerung vorm Magen. Dabei fachsimpeln sie betont nüchtern über Verbesserungsvorschläge vor den Ohren ihrer beeindruckten Zuschauer.

Und dann – eine winzige Fehlsteuerung, ein Defekt am Flieger, ein Aussetzen des Motors – und die Maschine stürzt steil in die Tiefe.

Viele Arbeitsstunden und die gesamten Ersparnisse enden mit der Schnauze in einem Kuhfladen.

Wenn sie Glück haben, läßt sich das Ding noch mal reparieren. Meistens nicht.

Bereits auf der Heimfahrt, mit den Flugzeugtrümmern im Kofferraum, überlegen die Knaben schon wieder, was für ein Modell sie als nächstes bauen werden. Bastlerherzen sind nicht so leicht zu brechen.

Was für eine Mutter!

Frau K. ist eine wunderbare, unermüdliche Mutter. Sie hat Söhne. Zwillinge.

Gegen Frau K. sind wir anderen Mütter geradezu fahrlässige Schlampen.

Frau K. hat noch nie ihre Aufsichtspflicht gegenüber ihren Söhnen vernachlässigt oder dieselben aus Bequemlichkeit oder, weil sie ihr auf die Nerven gingen, ins ungewisse Grüne hinausgejagt. Noch nie.

Ihre Umsicht und Sorge begleiten die Knaben auf Schritt und auf Tritt und auf den Spielplatz, wo sie hinter einem Baum auf der Lauer steht, um bei möglichen Rüpeleien oder ordinären Ausdrücken anderer Knaben sofort warnend eingreifen zu können.

Ihr Vorrat an Ermahnungen und die Wiederholungen derselben sind unerschöpflich.

Frau K. fährt ihre Söhne in die Schule und holt sie wieder ab und läßt sie keine belebte Straße ohne Aufsicht überqueren, nicht einmal dort, wo »Grün« ist. Radfahren dürfen sie nur innerhalb des Hofes oder auf Straßen, die für den übrigen Verkehr gesperrt sind. Beim Spielen in Nachbars Garten haben sie sich alle halbe Stunde bei ihr zu melden. Verspäten sie sich dabei um fünf Minuten, kommt sie selber nachsehen, und überhaupt ist ihr nur richtig leicht ums Herz, wenn die beiden endlich in ihren Betten liegen. Dann weiß sie sie in Sicherheit. Dann braucht sie nur noch mehrmals in der Nacht aufzustehen und nachzuschauen, ob sie auch ordentlich zugedeckt sind.

Bei Schulausflügen fährt Frau K. stets hinterher (und nie über siebzig), um sich von der Gefahrlosigkeit dieser Unternehmen persönlich zu überzeugen. Man weiß ja nicht. Manche Buben haben Kracher, Streichhölzer und Taschenmesser bei sich. Einmal hat sie ihren Ältesten dabei erwischt, wie er auf einen Baum kletterte.

Seither überfallen sie beim Anblick einer Buche – es *war* eine Buche – echte Zwangsvorstellungen, die sich von zerrissenen Hosen bis zur Querschnittlähmung zu steigern vermögen.

Bei Wassertemperaturen ab 23 Grad dürfen ihre Knaben schwimmen, unter ihrer Aufsicht selbstverständlich und nur zehn Minuten, danach werden sie von ihr tüchtig abfrottiert und in warme Kleidung gestopft.

Scheint keine Sonne, so haben sie Mützen zu tragen. Scheint sie, so müssen sie Hüte aufsetzen – gegen die Sonne.

Bootsfahrten – selbstverständlich in Ufernähe, dürfen niemals ohne Schwimmwesten unternommen werden. Skisport ist gefährlich und deshalb nur auf flachen, baumlosen, unvereisten Hügeln unter ihrer oder ihres Mannes Aufsicht gestattet.

Tiere sind auch gefährlich, vor allem Hunde. Hunde sind ja solche Bakterienträger. Wer einen Hund anfaßt, muß sich hinterher umgehend die Hände waschen. Am besten gar nicht anfassen.

Stellt sich bei den Knaben infolge eines Schnupfens erhöhte Temperatur ein, wird sofort ein Arzt alarmiert. Auch nachts.

Manche Ärzte sind Frau K. schon richtig frech gekommen, obgleich die K.s einer Privatkasse angehören. Und sie weigern sich, ihren Söhnen nach jeder Schramme eine Tetanusspritze zu verabreichen.

An Hand dieser Beispiele sehen Sie schon, was Frau K. für eine wunderbare, um das Wohlergehen ihrer Söhne unermüdlich besorgte Mutter ist.

Die beiden sind wirklich reizende Knaben. Wohlerzogen, kindlich, gehorsam, unselbständig auch im Denken. Jeder mag sie gern, weil sie so gar nicht durch Eigeninitiative störend auffallen.

Ich vergaß übrigens zu sagen – die Söhne der Frau K. sind dreizehn Jahre alt. Sie stehen somit am Anfang der Pubertät, die selbst Frau K. nicht verhindern kann. Aber niemand wird sie davon abhalten können, dieselbe nimmermüd und umsichtig-besorgt zu überwachen.

Und Freundinnen? Werden ihre Söhne eines Tages Freundinnen haben dürfen? Natürlich, warum nicht. Aber Frau K. wird sie nicht aus den Augen lassen. Frau K.s ständig besorgte Anwesenheit wird die Zuverlässigkeit jeder Pille übertreffen.

Es sei denn – die Söhne strampeln sich eines Tages von Muttern frei, schneiden die sorgsam von ihr umhäkelten Nabelschnüre durch und... Aber werden sie es wirklich schaffen?

Man sieht zuweilen Mütter, die noch mit Achtzig ihre Bubis am Gängelband führen.

... und morgen sind sie keine Kinder mehr

Pfingstsamstag.

Beim Frühstück kann Philip noch nicht reden, ich verstehe das. Manche Menschen laufen eben morgens schwer an. Mir ist Zeitunglesen auch lieber als gekäute Konversation.

Den letzten Bissen noch verarbeitend, zieht er sich an der Stuhllehne hoch und fragt mit leichter Besorgnis in der Stimme, ob ich irgendwelche Aufgaben für ihn hätte. Wenn nicht, dann ginge er jetzt mal in den Club hinüber. Zum Essen wäre er wieder da.

Sein Mittagessen schlingt er wortlos in sich hinein. Ich frage: »Wann geht dein Zug?«

»Wieso?«

»Weil du so eilig futterst.«

»Ich muß wieder rüber in den Club«, sagt er, »wir haben da was zu tun.«

Abends ist er maulfaul, weil er sich tagsüber rhetorisch verausgabt hat.

Zu Hause schnallt er ab. Hängt abgeschlafft im Sessel und stiert in den Fernseher. Rafft sich schließlich zu der höflichen Frage auf: »Und was hast du gemacht?« Ich erzähle. Hört er überhaupt zu?

»Und du?«

»Im Club halt«, sagt er.

»Seid ihr gesegelt?«

»Ja, auch, war aber kein vernünftiger Wind.«

(Anmerkung: ›Vernünftiger Wind‹ setzt für 14jährige Sportler erst in dem Moment ein, wo offiziell Sturmwarnung gegeben wird.)

»Heut' ist nichts im Fernsehen«, sagt er nach einer Weile und schnappt sich die Hündin.

»Ich geh' noch mal mit ihr«, sagt er.

Ich weiß schon, wo sie hingehen. Auch Natascha liebt das Clubleben. Sie hat da viele Bekannte.

Pfingstsonntag.

Beim Frühstück erzähle ich Philip, wer uns heute alles besuchen wird.

Er schaut erleichtert auf, als seine Sorge, ich könnte dabei Wert auf seine Gegenwart legen, unbegründet bleibt. So gegen elf ruft er aus dem Club an und fragt, ob er dort zum Essen bleiben darf. »Schau mal, dann mußt du wenigstens nicht kochen.«

Als er abends heimkommt, ist mein Besuch schon fort. Er fragt richtig froh, ob wir es schön gehabt hätten. Ich erzähle. Hört er überhaupt zu?

Er schaut auf die Uhr und meint, es wäre Zeit, mit Natascha zu gehen.

Weil Natascha doch mehrmals in der Woche um halb acht Uhr abends mit einem anderen Hund verabredet ist.

Um acht Uhr muß der andere Hund zu Hause sein. Seine Eltern sind da sehr streng.

»Und was machst du heut' abend«, fragt Philip, als er Natascha heimbringt.

Ich sage, es käme noch jemand vorbei.

»Dann bist du ja nicht allein. Dann geh ich vielleicht noch mal in den Club, ja? Da ist was los.«

Ich frage, ob er vielleicht sein Bett mit hinübernehmen möchte?

»Warum?«

»Das ist ironisch gemeint«, sage ich.

»Ach so«, sagt er, und um zehn wäre er bestimmt zurück.

Pünktlich um halb elf schließt er die Wohnungstür auf und drückt einen durch schlechtes Gewissen intensivierten Gutenachtkuß in mein Gesicht.

»Ich wäre schon früher gekommen«, sagt er, »aber ich wollte nicht beim Fernsehen stören.«

Wie rücksichtsvoll von ihm, vor allem, wenn man bedenkt, daß wir gar keins anhaben.

Er sagt: »Morgen machen wir bestimmt was zusammen, ja? Schließlich ist Pfingsten, und wir haben uns überhaupt noch nicht gesehen.«

Pfingstmontag.

Wir machen was zusammen.

Wir fahren um halb acht Uhr früh mit Natascha über Land. Spazierengehen und Maiglöckchen pflücken. Nix Maiglöckchen. Bereits auf der Hinfahrt rast ein Kamikazefahrer auf uns zu. Ich reiße den Wagen im letzten Moment in eine Baustelle und versacke bis zum Nummernschild. Philip versucht es mit dem Wagenheber. Philip und der Wagenheber versacken ebenfalls. Natascha guckt interessiert aus dem Fenster zu.

Endlich hält ein Landwirt im Sonntagsstaat und zieht uns aus der Misere.

Nach diesem gemeinsamen Pfingstunternehmen geht Philip mal kurz in den Club rüber.

Bevor wir uns trennen, sagt er: »Aber heute abend machen wir bestimmt was zusammen. Du bist doch da, ja?«

Pfingstmontagabend.

Philip kommt um halb acht aus dem Club und geht mit Natascha, weil sie doch mit einem Kerl verabredet ist. Um acht Uhr fünf beginnt endlich unser geselliges Beisammensein.

Um acht Uhr fünfzehn geht das Telefon. Philips Steuermann ruft an. (Philip selbst ist Vorschoter. Zur näheren Erklärung: der Vorschoter ist der zweite Mann in einer Zwei-Mann-Jolle, der bei steifer Brise, welche man in Bayern einen Hacker nennt, nur mit den Schuhsohlen am Bootsrand klebt. Der Rest von ihm hängt außerhalb im Trapez und manchmal auch im Wasser, und hinterher hängt in unserem Badezimmer die gesamte, triefende Hülle des Vorschoters – vom Trapezgürtel bis zur Unterhose –, und es ist meine Aufgabe, die Gummistiefel zu überreden, innerhalb von zwei Tagen innen zu trocknen.) Philips Steuermann ruft also um acht Uhr fünfzehn von zu Hause an, weil er sein Segelbuch im Boot vergessen hat. Ob Philip mal rübergehen würde und es holen? Denn es ist ja möglich, daß das Buch über Nacht Schimmel ansetzt.

Das müßte ich schließlich verstehen, sagt Philip.

»Natürlich«, sage ich, »geh nur«, und denke: das Luder. Das war bestimmt ein fingierter Anruf, damit du einen Grund hast, noch einmal in den Club zu gehen. Denn wir haben ein so traumhaft trockenes Pfingstwetter, daß selbst die gottesfürchtigen Bauern während der Feiertage ihr Heu einfuhren.

Wie soll bei diesem Wetter ein Buch schimmeln?

Philip sagt, in zehn Minuten wäre er bestimmt zurück. Ich sage, ist gut, und denke, wer's glaubt, wird selig. Er ist natürlich nicht in zehn Minuten zurück. Lasse ich ihm vielleicht doch zuviel durchgehen? Habe ich zuviel Verständnis dafür, daß er sich jetzt in einem Alter befindet, wo Kinder sich mehr und mehr vom Elternhaus lösen und ihr eigenes Leben zu leben beginnen? Weiß ich denn, ob er wirklich immer im Segelclub ist, wenn er es sagt?

Bin ich zu vertrauensselig?

Das beste ist, ich gehe mal nachschauen.

Am Clubtor kommt mir Philip mit dem Segelbuch entgegen.

»Tut mir leid«, sagt er, »aber ich mußte noch einem was helfen.«
Und schaut mich skeptisch an.

»Wo willst denn du hin?«

»Bißchen Luft schnappen«, sage ich.

»Kannst du mir nicht weismachen«, sagt er streng, »du willst dir
Zigaretten holen. Du rauchst schon wieder so viel, dabei hast du mir
fest versprochen, aufzuhören.«

Wer mißtraut hier eigentlich wem?

»Also schön«, sage ich, »ich wollte keine Zigaretten holen, sondern
schauen, ob du wirklich im Club bist.«

Er sieht mich verständnislos an. »Wenn ich's dir doch gesagt habe!«

»Ja, natürlich.«

»Also schön«, sagt er, »da waren noch paar im Club und haben
gepokert. Habe ich mitgepokert.«

»Um was?«

»Um Gummibären.«

»Verloren?«

»Erst verloren, dann gewonnen. Gehen wir jetzt heim?«

»Ja«, sage ich, »gehen wir heim.«

Und damit enden die Geschichten von Philip, von Karlchen und den
anderen Kindern.

Erstens habe ich genug über sie geschrieben, und zweitens ist ihr
Leben jetzt ihre ureigene Privatangelegenheit, die niemanden nichts
angeht außer sie selbst.

Denn morgen sind sie keine Kinder mehr.

Bitte beachten Sie
die folgenden Seiten:

Sir Arthur Conan Doyle

Der Hund von Baskerville

Die verdächtigen Vorkommnisse auf dem Landsitz der Baskervilles veranlassen Sir Henry, Sherlock Holmes auf die Fährte des Höllenhundes zu setzen. (2602)

Sherlock Holmes' Abenteuer

Dr. Watson findet auch als Ehemann und Arzt noch Zeit, dem Meisterdetektiv bei der Aufklärung schwieriger Fälle Hilfe zu leisten. (2630)

Studie in Scharlachrot

Scotland Yard bittet Sherlock Holmes, den rätselhaften Mord an einem Amerikaner und dessen Sekretär aufzuklären. (2655)

Das Tal der Furcht

Sherlock Holmes behauptet, der Mörder des Schloßherrn habe das Gebäude nicht verlassen können. Wer aber von den Schloßbewohnern beging die Tat? (2719)

ein Ullstein Buch

Im Zeichen der Vier

Captain Morstan ist in London spurlos verschwunden. Vier Jahre später stirbt Sholto, sein einziger Freund. Nimmt er ein Geheimnis mit ins Grab? (2744)

Die brasilianische Katze (2779)

Kriminalgeschichten von Sir Arthur Conan Doyle. Weitere Bände mit Erzählungen sind:

Sherlock Holmes und sein erster Fall (20004)

Sherlock Holmes und der verschwundene Bräutigam (20012)

Sherlock Holmes und der bleiche Soldat (20020)

Sherlock Holmes und die gefährliche Erbschaft (20028)

Sherlock Holmes und der Einbrecher im Frack (20037)

Sherlock Holmes und die Spuren im Moor (20048)

Sherlock Holmes und der Teufelsfuß (20057)

Barbara Noack

ein Ullstein Buch